FRANK BONKOWSKI

Selig sind
die Trottel!

FRANK BONKOWSKI

Selig sind die Trottel!

Wie das Reich Gottes funktioniert – Moderne Gleichnisse

Bibliografische Information der Deutschen Nationalbibliothek
Die Deutsche Nationalbibliothek verzeichnet diese Publikation in der
Deutschen Nationalbibliografie; detaillierte bibliografische Daten
sind im Internet über http://dnb.d-nb.de abrufbar.

Die Bibelstellen sind zitiert nach: Die Gute Nachricht Bibel

ISBN 978-3-86506-387-8
© 2012 by Joh. Brendow & Sohn Verlag GmbH, Moers
Einbandgestaltung: Brendow Verlag, Moers
Illustrationen und Titelgrafik: shutterstock
Satz: BrendowPrintMedien, Moers
Druck und Bindung: Bercker Graphischer Betrieb, Kevelaer
Printed in Germany

www.brendow-verlag.de

Inhalt

Darum geht's 9

Kapitel 1
Selig sind die Trottel!
Darum geht's: Absolut jeder ist eingeladen! Oder:
„Was hat der gesagt? Gesegnet seien die Griechen?" ... 13

1. Der zerbrochene Pott 16
2. Die verlorene Tochter 17
3. Als Opa wieder hören konnte 20
4. Als Jesus sich die Taufe erklären ließ 22
5. Die Abschlussprüfung 25
6. Die perfekte Punktzahl 27
7. Die Perle 29
8. Einstein 31

Kapitel 2
Lebst du schon?
Darum geht's: Die Jesus-Werte. Oder:
Wie das Leben in Gottes neuer Welt funktionieren kann!

Gerechtigkeit
Wie man ganz allein eine
komplette Stadt lahmlegen kann! 33

9. Unfair 34
10. Die ungleichen Brüder 36
11. Die Party 38
12. Einbruch im Himmel 40
13. Die geballte Faust 41

14. Der Machtkampf 43
15. Heiratsantrag eines Löwen 45
16. Mir geht es so schlecht! 47
17. Der Obstkorb 49
18. In deiner Hand 50
19. Erste Klasse fliegen 52

Glaube und Handeln
Unser Glauben und unser Handeln sollten so aussehen,
als ob sie den gleichen Vater haben! 54

20. Die Beichte 55
21. Der Schmuggler 56
22. Vorsicht, Hühner! 58
23. Die 5000 (oder: Als Jesus mal eine Auszeit brauchte) 60
24. Das Auto als Waffe 62
25. Der Mann, der Menschen in den Fluss schmiss 63
26. Wie konnte ich nur? 65
27. Die Debatte 67
28. Die Katze 69
29. Der perfekte Truthahn 70
30. Der Trinker (1) 72
31. Die Schlammschlacht 73
32. Als Gott Golf spielte 75
33. Der Trinker (2) 76
34. Gestrandet 76
35. Die Übersetzung der Guten Nachricht 78

Schönheit und Kreativität
Staunende Kinder ... Staunender Gott 81

36. Der enthusiastische Vorarbeiter 82
37. Der Geiger 84

38. Sand 85
39. Die Kathedrale 87
40. Arm und Reich 88
41. Das alte Mietshaus 90
42. Der Mann, der am Fenster liegen durfte 91
43. Momente schaffen 93
44. Franks Blumen 95

Gemeinschaft, Freundschaft, Beziehungen
„Es gibt Milliarden von Menschen auf dieser Welt, trotzdem sind ganz viele einsam. Könntet ihr ein System entwickeln, dass niemand jemals wieder einsam sein müsste?" 98

45. 6-mal gut, 1-mal mangelhaft! 100
46. Als Gott helfen wollte 102
47. Wein für die Hochzeitsfeier 104
48. Der Student und die Putzfrau 105
49. Die himmlische Villa 106
50. Der erste Ehestreit 108
51. Besser 110
52. Wenn Männer emotional werden 113
53. Wie gut ist diese Stadt? 114
54. Schwarzfahrer 115
55. Der Priester und die nackte Schönheit 118
56. „Alles ist herausgekommen!" 119
57. Das Gute-Nacht-Gebet 120
58. Das Ehemänner-Einkaufszentrum 121
59. Väter, Teenager-Töchter und das Telefon 123
60. Der Apostel im Kloster 124
61. Die Tierschule 126

Kapitel 3
Gottes neue Welt mitbekommen
*Darum geht's: Wie kann man das gute Leben
in Gottes neuer Welt verpassen?* 129

62. Drei Frösche 130
63. Das Gemüsebeet und der fiese Nachbar 131
64. Herbstlaub 133
65. Der Missionar und die Kannibalen 135
66. Die Mietschulden 136
67. Die Gerichtsverhandlung 138
68. Mord im Restaurant 140
69. Der Professor 142

DARUM GEHT'S ...

Bestimmt kennst du ...
... einen Fan, der jedes Gespräch in Minutenschnelle auf seinen Lieblingsfußballverein bringt?
... Großeltern, die dir ständig Bilder ihrer Enkel zeigen?
... Verliebte, die nur noch über den Partner reden, der ja so was Besonderes ist?

Auch Jesus hatte so ein Lieblingsthema, mit dem er allen, die ihm zuhören wollten (oder auch nicht), ständig in den Ohren lag: „Das Königreich Gottes ist wie ..." Und dann brachte er noch ein Beispiel und noch ein Gleichnis und noch eine Story und noch eine! Das Königreich Gottes – das war sein „nerviges" Thema!

Mit dem Begriff konnten seine Zuhörer damals etwas anfangen. Sie lebten in einem Reich, in dem Unterdrückung, Demütigung, Machtdemonstration, große Armut, Hunger, Gewalt und Ungerechtigkeit an der Tagesordnung waren!

In einem Reich, wo die Großen die Kleinen ausnutzten!

In einem Reich, in dem die Reichen immer reicher und die Armen immer ärmer wurden!

Und die Sehnsucht der Menschen nach einer anderen, einer neuen Welt, war überall real und spürbar. Denn Hoffnung stirbt zuletzt! Es gab ja alte Prophetien von einem anderen Reich! Irgendwann würde Gott jemanden schicken, der das, was wehtut, wegnimmt, der jede Träne abwischt – und eine neue Zeit, eine neue Welt, ein neues Reich würde anbrechen!

Und dann kam Jesus ...

... und immer wenn er zu erzählen begann, dann wurde es unglaublich still! Denn er sprach genau von *dieser* Hoffnung, so, als ob er *dieses andere Reich* schon erlebt hätte. „Wie kann ich dieses Reich beschreiben?", begann er seine Gleichnisse meistens. Und für einen Moment blitzte Hoffnung auf, und keiner wollte diese Geschichten verpassen. Aber wenn er fertig war, dann waren viele frustriert, weil die Story sie zwar in ihren Bann gezogen hatte, nur verstanden hatte sie kaum einer. „Was ist denn jetzt das Reich Gottes? Ein Senfkorn? Ein weggelaufenes Schaf? Ein ungerechter Boss? Eine Feier? Mit Betrunkenen? Falsch angezogen? Und die machen was? Ich komm nicht mit! Kann das mal einer erklären?"

Und trotzdem, oder gerade deswegen, heißt es: „Und ohne Gleichnisse redete er nicht zu ihnen; aber wenn sie allein waren, legte er seinen Jüngern alles aus." (Markus 4,34)

Warum Gleichnisse, die keiner versteht? Das ist so hart! Sie sind frustrierend! Aber: Sie machen etwas mit meiner Gefühlswelt! Und schnell was als „gelernt" abhaken – das lassen sie nicht zu. Vielleicht ist es ja gerade das, was Gott mit uns in dieser Welt tun möchte? Nicht definierbar, sondern etwas, das man nicht erklären, sondern nur erleben kann? Vielleicht ist das Ziel des Glaubens nicht in erster Linie unser Kopf, sondern unser Herz, unsere Hände und Füße? Der Philosoph Blaise Pascal hat das mal so ausgedrückt: „Wenn dich einer fragt, ob Liebe möglich ist, dann schick ihn das zu tun, was Liebende tun!" Wenn du herausfinden möchtest, ob Gott real ist, dann tu das, was Christen tun!

Das ist das Ziel von Gleichnissen: Sie sollen uns frustrieren, unter die Haut gehen, unsere Gefühlswelt durcheinanderbringen, zum Nachdenken und Diskutieren anregen und uns verändern! Hier ein paar gute Fragen, die dir beim Verstehen helfen:

- Mit welcher Person in der Geschichte identifiziere ich mich sofort?
- Welche Gefühle löst die Geschichte bei mir aus? Worüber ärgere oder freue ich mich? Was ist herausfordernd oder frustrierend?

- Jemand hat mal gesagt, dass wir nicht die Bibel lesen, sondern die Bibel liest uns! Das trifft auf die Gleichnisse zu! Wenn sie also Gefühle bei dir auslösen, ist es weise, genau hinzuhören und weiterzufragen: Warum bewegt mich die Geschichte?
- Gleichnisse haben auch diese Angewohnheit, uns an eigene Erlebnisse zu erinnern. Auch darauf lohnt es sich zu achten: Wo habe ich so was selbst schon einmal erlebt?

Ein paar Worte noch zum Aufbau dieses Buches: In seiner berühmten Predigt auf dem Berg (Matthäus 5 bis 7) geht Jesus so vor:

1. Die Einleitung: „Selig sind die Trottel!" Absolut jeder ist eingeladen!
2. Der Hauptteil: „Ganz praktisch: Wie lebt man in Gottes neuer Welt?" Hier geht es sehr viel um Werte, wie ...
   - soziale Gerechtigkeit: Mit welcher Person in der Geschichte identifiziere ich mich sofort?
   - das Zusammenspiel von Glaube und Handeln
   - Schönheit & Kreativität
   - Gemeinschaft, Freundschaft, Beziehungen
3. Zu guter Letzt erzählt Jesus Gleichnisse, die eine Warnung enthalten: „Passt auf, dass ihr das alles nicht verpasst!"

Ich habe in diesem Buch einfach den gleichen Aufbau benutzt!

KAPITEL 1
SELIG SIND DIE TROTTEL!

Darum geht´s: Absolut jeder ist eingeladen!

„Selig sind, die da geistlich arm sind;
denn ihrer ist das Himmelreich.
Selig sind, die da Leid tragen;
denn sie sollen getröstet werden.
Selig sind die Sanftmütigen;
denn sie werden das Erdreich besitzen.
Selig sind, die da hungert und dürstet nach der
Gerechtigkeit; denn sie sollen satt werden.
Selig sind die Barmherzigen;
denn sie werden Barmherzigkeit erlangen.
Selig sind, die reinen Herzens sind;
denn sie werden Gott schauen.
Selig sind die Friedfertigen;
denn sie werden Gottes Kinder heißen.
Selig sind, die um der Gerechtigkeit willen verfolgt
werden; denn ihrer ist das Himmelreich.
Selig seid ihr, wenn euch die Menschen um meinetwillen
schmähen und verfolgen und reden allerlei Übles gegen
euch, wenn sie damit lügen.
Seid fröhlich und getrost;
es wird euch im Himmel reichlich belohnt werden."
(Matthäus 5,3-25, zitiert nach Luther 1984)

„Jesus zog durch ganz Galiläa; er lehrte in den Synagogen, verkündete die Botschaft vom Reich ‚Gottes' und heilte alle Kranken und Leidenden im Volk. So wurde er über Galiläa hinaus in ganz Syrien bekannt. Man brachte alle Leidenden zu ihm, Menschen, die von den verschiedensten Krankheiten und Beschwerden geplagt waren, auch Besessene, Epileptiker und Gelähmte, und er machte sie gesund. Große Menschenmengen folgten ihm aus Galiläa und dem Zehnstädtegebiet, aus Jerusalem und Judäa und aus der Gegend jenseits des Jordans." (Matthäus 4,23-26)

Die Gegend um Galiläa ist arm und landschaftlich nicht besonders schön. Viele kleine, versteckte Dörfer prägen die Landschaft. Es gibt auch eine wunderschöne Stadt, Tiberius am See, aber den Evangelien zufolge hat Jesus sich da nie länger aufgehalten. Die Gespräche, Wunder und Heilungen passieren in den armen, unscheinbaren Dörfern. Aus diesen versammeln sich immer mehr Menschen um Jesus und begleiten ihn, oft auf Schritt und Tritt. Schaulustige, Wundergeile, Geheilte, Interessierte ...

Es gab diese alte Prophetie vom Propheten Jesaja, dass eines Tages ein Messias kommen würde, der den Himmel auf die Erde bringt. Kann es sein, dass dieser Rabbi Jesus dieser Heilsbringer ist? Die Gerüchte verbreiten sich, und die Leute aus Galiläa kommen in Scharen. Es sind Juden, denen man von klein auf beigebracht hat, dass sie nichts mit Leuten zu tun haben dürfen, die sich nicht an die Heiligen Schriften des Alten Testaments halten. Von ihren Anführern wurde ihnen eingebläut, dass sie selber schuld seien, dass Gott nichts mehr mit seinem Volk zu tun haben will.

Die Unterdrückung durch die Römer und jedes andere Missgeschick, das dir passiert, ist nach ihrer Lehre ein Zeichen, dass Gott dich für die vielen Sünden bestraft. Egal, ob du krank wirst, dein Kind stirbt, oder du so arm bist, dass du deinen Hof verkaufen musst und deine Kinder nichts mehr zu essen haben!

Neben den jüdischen Leuten aus Galiläa leben in der Gegend der zehn Städte, einer Region in der Nähe, auch viele Griechen, die sich ohnehin nicht an die Gebote der jüdischen Schriften halten.

Genau diese Multikultitruppe ist das Publikum für die Predigt des Rabbis, der sich der Sohn Gottes nennen wird. Und bevor Jesus die neue Welt beschreibt, die er gründen will, beginnt er mit einer Einladung, die den Zuhörern den Atem geraubt haben muss:

„Selig (oder auch ‚von Gott gewollt') sind die ... geistlich Armen!"

Wer bitte? Die geistlich Armen?

Die spirituell Unterbelichteten?

Die, die im Konfirmationsunterricht nicht aufgepasst haben?

Die geistlichen Dumpfbacken?

Es ist typisch für Jesus, dass er mit seinen Reden direkt in die Situation der Hörer hineinspricht. Und unter ihnen sitzt vielleicht dieser Mann, der einen psychischen Schaden gehabt hatte. Er hatte sich selbst zerstört, geschnitten, immer wieder. Er war richtig krank – „von Dämonen besessen", hat man damals gesagt. Und nach Jahren, in denen dieser Mann die Gegend unsicher gemacht und die Kinder verschreckt hatte, hat Jesus ihn geheilt. Es ist wahrscheinlich, dass dieser stadtbekannte Typ jetzt gesundet unter den Zuhörern sitzt. Jeder kennt seine Vergangenheit.

Vielleicht hat Jesus diesen Mann gebeten aufzustehen und seinen Arm um ihn gelegt: „Selig sind die geistlich Armen! Ihnen gehört Gottes neue Welt. Gott ist auf ihrer Seite!" Und zum ersten Mal in seinem Leben steht dieser Mann in einer positiven Weise im Mittelpunkt. Gott ist auf seiner Seite, Gott ist für ihn in diese Welt gekommen, er hat die Heilung dieser Welt am eigenen Leib erfahren, und mit Menschen wie ihm will Gott eine neue Welt beginnen.

Kannst du nachvollziehen, was nun in diesen nach Hoffnung gierenden Menschen vorgegangen sein muss? „Wenn der mitmachen darf, gibt es auch noch Hoffnung für mich? Darf ich auch? Jesus, bitte erzähl weiter, wer ist noch alles dabei?"

DIE GLEICHNISSE

1. Der zerbrochene Pott

Er weiß genau, was ihn zu Hause erwartet, und deswegen hat er gewartet, bis er vor Hunger fast verreckt wäre. Es gab damals eine Tradition für „Fälle wie ihn"! Er hatte es gewagt, die Ressourcen seiner Familie, seiner Gemeinschaft, auf hinterhältige Art und Weise zu ergaunern und unter Nicht-Juden zu vergeuden. Er hatte seiner Gemeinschaft großen Schaden zugefügt. In seiner Kultur ein fürchterliches Vergehen!

Wenn er nach Hause kommt, wird man die gesamte Dorfgemeinschaft zusammentrommeln. Man wird ihn festhalten, einen Pott nehmen und vor seinen Augen zerschmettern. Ein Zeichen! „Du hast das Leben deines Vaters zerbrochen, deiner Familie, deiner Gemeinschaft, dein eigenes Leben! Du hast alles kaputt gemacht. Dein Leben ist nichts mehr wert. Du bist hier nichts mehr wert!" „Kezazah" hat man diese Tradition genannt: Kezazah heißt „Zerbruch", heißt: „Du bist hier nicht willkommen, du gehörst nicht mehr hierher!"

Doch bevor sie ihn ergreifen können, bevor sie den letzten Rest seiner Würde zerschmettern, kommt sein alter Vater, den er so verletzt hat, auf ihn zugerannt, nimmt ihn in den Arm, vergibt ihm und lädt die verdutzte Meute zu einem Fest ein. Zu einem Fest, das die Würde seines Sohnes wieder herstellen wird! Ein Fest, das Gnade feiert! Ein Fest zum Zeichen, dass er gewollt und geachtet und wertvoll ist in diesem Haus.

Und jeder ist eingeladen! Nicht jeder kommt, denn Gnade ist nichts für jeden! Um so ein Fest zu genießen, muss man vergeben *wollen*. Wie gesagt, nicht jeder hat mitgefeiert, aber jeder, der dabei war, erzählt noch heute darüber, was an diesem Tag passiert ist!

KOMMENTAR

Neulich saß ich als stolzer Papa im Publikum. Meine Tochter hatte an einer christlichen Kopie von DSDS teilgenommen. Und, mal ganz objektiv: Sie war richtig gut! Ich hätte ihr den ersten Platz sofort zugesprochen! Ein paar Plätze neben mir saß eine ihrer Freundinnen. Sie war vorher richtig zickig gewesen, weil sie auch gerne mitgemacht hätte. Und jetzt sitzt sie hier, und in ihr rumort der Gedanke, dass sie es eigentlich viel mehr als ihre Freundin verdient hätte, im Rampenlicht zu stehen. Und die Zuhörer um uns herum finden deren Performance auch noch gut. Sie kann gar nicht hingucken, sie leidet und findet das so unfair!

Zum Nachdenken

Kannst du dich an eine Begebenheit erinnern, als du dich so richtig freuen konntest, dass jemandem etwas Gutes passiert ist? Auch wenn er das nicht verdient hatte?

2. Die verlorene Tochter

(Frei nach Phillip Yancey)

Sie wächst auf einer Farm in den konservativen Teilen der USA auf. Viele finden es traumhaft, aber sie kann nur wenig anfangen mit dem konservativen und religiösen Lebensstil ihrer Eltern. Die wiederum haben wenig übrig für ihre Musik, ihre Klamotten, und für den Ring durch ihre Nase schon gar nicht!

Und eines Abends fallen, ach was, fliegen Worte, die man sich nicht sagen sollte. Die richtig wehtun! Sie brüllt ihren Vater an: „Ich hasse dich!" Es sind ihre letzten Worte zu ihm, denn dann knallt sie die Tür zu und am nächsten Tag ist sie weg. In eine Großstadt, so weit weg von zu Hause wie möglich!

Dort lernt sie einen Mann kennen, den sie bald „Boss" nennen wird, und der das größte Auto fährt, in dem sie je gesessen hat. Der „Boss" ist freundlich zu ihr, lädt sie häufig zum Essen ein. Bald besorgt er ihr Pillen, von denen man ein richtig gutes Gefühl bekommt – genau das, was sie braucht! Und dann bringt er ihr bei, worauf Männer stehen. Jetzt verbringt sie viel Zeit in richtig reichen Kreisen! Sie ist das „Partygirl"!

Doch dann wird sie krank und versteht gar nicht, wie schnell der „Boss" sie fallen lässt. Jetzt kann er sie nicht mehr brauchen! Er setzt sie eines Nachts auf die Straße, und sie überlebt nur, indem sie das macht, was sie gelernt hat. Aber ihre Kunden sind nicht mehr reich, sondern ziemlich brutal und nutzen ihre Situation auf krasse Weise aus!

Als sie blass und krank versucht, unter einer Brücke zu schlafen, da fühlt sie sich schon lange nicht mehr wie ein „Partygirl", sondern wie ein hilfloses, kleines Mädchen! Sie hat Angst und vermisst ihre Familie, in der selbst der Hund besser behandelt wird als sie.

Irgendwann fasst sie all ihren Mut zusammen und ruft zu Hause an. Als sie nur den Anrufbeantworter bekommt, legt sie schnell wieder auf. Sie probiert es noch mal. Aber wieder: nur der Anrufbeantworter. Beim dritten Mal hinterlässt sie eine Nachricht. „Ich werde mit dem Bus morgen gegen Mitternacht bei euch auf dem ZOB sein. Falls ihr mich sehen wollt, könnt ihr mich ja abholen … falls nicht, fahre ich einfach weiter!"

Am nächsten Abend sitzt sie im Bus und weiß nicht, was sie erwarten soll. „Haben die meine Nachricht überhaupt erhalten?" Sie schaut auf die Nadelstiche in ihrem Arm. „Wollen die mich überhaupt so sehen?"

Der Bus hält gegen Mitternacht auf dem ZOB ihrer Heimatstadt. Die Ansage kommt: „Bitte alle rechtzeitig wieder im Bus erscheinen, wir haben genau 15 Minuten Aufenthalt, dann geht es sofort weiter!" 15 Minuten, die entscheiden, wie der Rest ihres Lebens verlaufen wird. Wollen die mich überhaupt? Wird jemand da sein?

Als sie in die dunkle, dreckige Wartehalle geht, stehen da ungefähr vierzig Leute. Onkel, Tanten, Opas, Omas, Cousinen, der Hund. Alle mit komischen Partyhüten, und hinter ihnen hängt ein riesiges, selbstgemaltes Poster: „Willkommen zu Hause!" Ganz vorn ihre Eltern, mit tränenverschmierten Gesichtern! Und alle strahlen sie an, als ob sie gerade die Fußballweltmeisterschaft gewonnen hätte!

Und dann liegt sie in den Armen ihres Papas, dem sie gesagt hatte, wie sehr sie ihn hasst. Jetzt weint sie. „Es war alles meine Schuld!" Aber er sagt nur: „Alles ist gut!" Genau wie er es schon getan hat, wenn sie als kleines Mädchen Angst gehabt hatte!

KOMMENTAR

Eine 14-Jährige schreibt: „Manchmal habe ich das Gefühl, dass ich in einem Gemälde lebe – als ob all diese falschen Emotionen und verrückten Farbstriche ein total irres Bild von mir malen. Das macht mich fast wahnsinnig, denn dieses Bild von mir, das bin ich nicht! Ich habe das Gefühl, nicht einmal meine beste Freundin, der ich alles erzähle, oder mein Freund, den ich wirklich sehr mag, wissen, wer ich in Wirklichkeit bin. Am liebsten würde ich all diese Verletzungen, komischen Farben und falschen Emotionen einfach wegwischen. Ich will sauber sein, sauber von all diesen vorgetäuschten Dingen, die mich nur scheinbar ausmachen. Aber die Angst, dann abgelehnt zu werden, ist immer größer, immer stärker als meine Sehnsucht nach Veränderung! Jeden Tag lebe ich für andere, nicht für mich selber. Ich kann mich nie ausruhen. Ich muss die ‚Fashion Queen' sein, oder die ‚gute Schülerin' oder die ‚Tussi' vom besten Fußballer. Nie kann ich ich selber sein ... sogar der Gang durch die Schule ist ein endloses Theaterstück. Versteht mich nicht falsch! Ich mag meine Freunde, und meinen Freund, und sogar die Schule ... manchmal wenigstens... aber manchmal ... wäre ich so gerne einfach nur ICH!"

Zum Nachdenken

Was musst du tun um dazuzugehören? Wie weit würdest du gehen?
Bei welchen Personen bist du sicher, dass sie auf jeden Fall auf deiner Seite sind? Egal, was kommt?

3. Als Opa wieder hören konnte

Das Gehör des Großvaters ließ immer mehr nach, bis er schließlich fast gar nichts mehr hören konnte. Das hat natürlich immer mal wieder zu Komplikationen und komischen Momenten geführt. Nachdem er schon viele Jahre mit diesem Handicap gelebt hatte, ließ er sich ein neumodisches, sehr kleines, aber kraftvolles Hörgerät einsetzen. Nach ein paar Wochen der Probe ging er noch mal zur Kontrolle, und der Arzt war mit dem Resultat sehr zufrieden.

„Wie gefällt es Ihnen denn, endlich wieder richtig hören zu können?", fragte er seinen Patienten. „Ich würde wetten, dass Ihre Familie sich darüber richtig gefreut hat!" „Ach!", sagte der Alte. „Wissen Sie was, denen hab ich noch gar nichts erzählt. Ich hatte viel zu viel Spaß damit, die Familie endlich mal bei ihren Gesprächen belauschen zu können. Es war richtig spannend mitzubekommen, was die so über mich denken, und glauben Sie mir: Seit ich dieses Hörgerät im Ohr habe, habe ich schon mindestens fünfmal mein Testament geändert!"

KOMMENTAR

Uns gefällt die Vorstellung nicht, dass jemand unsere intimsten Gedanken kennt; und das aus gutem Grund. Wir alle haben Angst davor, abgelehnt zu werden. Seit Adam und Eva liegt es deshalb in unserem Naturell, unsere Fehler entweder anderen in die Schuhe zu schieben oder wenigstens zu verstecken. Und natürlich projizieren wir diese Gefühle auch auf Gott. Jesu Zuhörer kannten den Vers gut: „Gott, du weißt, wie unverständig ich war; meine Schuld ist dir nicht verborgen." (Psalm 69,6)

Gott weiß alles über mich, und deshalb ist – sozusagen – mein Erbe futsch. Jesus wollte dieses Bild zurechtrücken: Klar weiß Gott alles! Aber die Konsequenz ist nicht, dass er uns ablehnt und wegstößt. Im Gegenteil: Er ist ein liebender Vater, der dich in die Arme schließen, heilen, säubern und beschenken möchte. Weil er weiß, dass deine Schuld dir leidtut! (Siehe das Gleichnis vom verlorenen Sohn in Lukas 15,11ff.)

Zum Nachdenken

Was wäre dir lieber? Ein Gott, der taub ist, oder einer, der um deinen Mist weiß, aber dich trotzdem in die Arme schließen will?

Woher kommt dieser Glaube an einen Gott, der böse auf uns ist und uns bestrafen möchte? Was macht uns so misstrauisch?

Wie hättest du damals auf Jesu Geschichten von einem guten Gott, der auf deiner Seite ist (und auf der Seite von denen, die noch viel schuldiger sind als du selber), reagiert?

4. Als Jesus sich die Taufe erklären ließ

Der ungewöhnlich aussehende Prophet stand im Fluss und machte das, was er am liebsten tat: Er taufte Menschen, die sich ihrer Schuld bewusst waren und die sich danach sehnten, den Dreck ihrer Verfehlungen loszuwerden. Am Ufer des Jordans wartete eine lange Schlange potenzieller Täuflinge, denn Johannes war vorher erfolgreich seiner zweiten Lieblingsbeschäftigung nachgegangen. „Den Menschen kann nur geholfen werden, wenn sie sich dem Dreck ihres Tuns bewusst werden!", war er sicher. Also hatte er gebrüllt, ihnen ins Gewissen geredet, und jetzt standen sie vor ihm, und er taufte sie, sprach ihnen Vergebung zu und wusch sie symbolisch von ihrer Sünde rein.

Und als er gerade spaßeshalber einen stadtbekannten Sünder extra lange unter Wasser hielt, eine seiner liebsten humoristischen Einlagen, da fuhr er plötzlich erschrocken zusammen, denn er hatte IHN gesehen. Den Mann, wegen dem diese ganze Veranstaltung hier überhaupt stattfand. Der stand da freudestrahlend und sich fröhlich unterhaltend zwischen all den anderen Täuflingen, und nur noch ein paar Momente, dann würde er vor seinem Cousin Johannes stehen.

Und dann kam der Moment, in dem sie sich in die Augen sahen. Jesus lächelte erwartungsvoll, Johannes' Lächeln war eher verlegen. „Was machst du denn hier?"

„Wonach sieht es aus? Ich würde mich gerne von dir taufen lassen!"

„Aber das macht doch gar keinen Sinn! Du kennst doch die Symbolik der Taufe. Wir taufen als Zeichen, dass Menschen gesäubert werden müssen von ihren Sünden. Die Taufe ist ein Symbol, dass in uns das Verlangen, selber Gott sein zu wollen, ertränkt werden muss und ein neuer, erlöster Mensch aus dem Wasser steigt. Was soll denn das bei dir? Wenn ich mich recht erinnere, bist du der Sohn Gottes, ohne Sünde. Wovon soll ich dich denn rein waschen? Und welchen Sinn macht es, das Verlangen, Gott zu sein, ertränken zu wollen, wenn man selber Gott ist? Und eine neue Kreatur sollst du doch garantiert auch nicht werden!"

„Danke Johannes, du kennst dich wirklich aus mit der Taufsymbolik. Man nennt dich zu Recht den Täufer! Ich hab nur dieses Gefühl, es wäre trotzdem richtig, hier mitzumachen!"

„Aber was hast du denn mit uns schmutzigen Charakteren zu tun? Guck dich doch mal um, wen ich hier unter Wasser halte!" Und dann überkam Johannes sein schlechtes Gewissen. „Und um ganz ehrlich zu sein, weiß ich auch gar nicht, welche Berechtigung ich haben soll, anderen zu sagen, dass sie Vergebung brauchen. Da ist bei mir so viel Fassade!" Und dann fiel Johannes vor Jesus auf die Knie. „Kannst du bitte mich taufen? Ich brauche Vergebung!"

Als Jesus diese Worte auf sich wirken ließ, schaute er sich um, und er konnte den Menschen dort am Fluss in die Herzen sehen. Da war tatsächlich eine Menge Dunkelheit, Egoismus, sogar falsche Motive, sich taufen lassen. Und als Jesus die Worte des Propheten Revue passieren ließ („Denk an die Symbolik! Welchen Sinn macht es, einen ohne Sünde rein zu waschen?"), da fasste der Sohn Gottes einen Entschluss.

„Es ist gut, dass ich nicht so bin wie diese Leute! Die brauchen wirklich einen, der besser ist, reiner, weiser, anders! Weit weg von all dem Schmutz!"

Und in dem Moment beugte er sich herunter zu Johannes. „Du hast Recht!", sagte Jesus, und tauchte ihn für eine scheinbar extra lange Zeit in das Wasser des Jordans!

(Die Originalgeschichte findest du in Matthäus 3,1-17.)

KOMMENTAR

Warum hat Jesus sich taufen lassen, wenn das Symbol nicht passt? Drei Beispiele, die uns einer Antwort näher bringen:

Als ich eines schönen Morgens in meinem Lieblingscafé an der Sunshine Coast in Kanada saß, konnte ich beobachten, wie am Nebentisch ein Pastor einem seiner Gemeindemitglieder die Bibel erklärte. „Discipleshiptraining" nennt man das dort. Während dieser Lektion fiel mir auf, wie der Pastor körperlich immer größer zu werden schien in seinem Sessel und der Schüler immer mehr in sich zusammensackte. Der eine war die reinste Quelle der Weisheit, während der andere gar nichts zu bieten hatte, außer seiner vollen Aufmerksamkeit und seiner Verehrung für den weisen Lehrer.

Ist das die Art von Beziehung, die Jesus sich mit uns wünscht?

Während ich dies schreibe, sitzt ein Freund von mir im Gefängnis, weil er in eine Messerstecherei verwickelt war. Die Motive sind nach außen hin noch nicht ganz klar, aber mein Freund, ein Ausländer, weiß, dass er große Schuld auf sich geladen hat. Es gibt nicht wenige gute Bürger und Christen in unserer Stadt, die jetzt Sätze bringen, die mit „Ich wusste ja gleich das man denen nicht trauen kann ...", oder „Ich würde ja nie ..." beginnen.

Würde Jesus, der selber nie gesündigt hat, solche Sätze gebrauchen? Warum nicht? Was glaubst du? Würde Jesus eher kluge Reden halten oder einfach neben meinem Freund im Knast sitzen und mit ihm weinen?

Einige der schlechtesten Lehrer, die ich hatte, waren die super intelligenten, die nicht verstehen konnten, dass ich doofer Schüler ihren total einfachen Schulstoff nicht begreifen konnte. Einige der besten Lehrer waren diejenigen, die es selber nicht immer leicht hatten in ihrer Schülerlaufbahn. Die hatten in der Regel Verständnis für einen wie mich!

Kann es sein, dass es Jesus wichtiger war, mich zu verstehen, um mich zu belehren, als mich zu belehren, damit ich alles verstehe?

Warum hat Jesus sich taufen lassen? Weil er sich mit mir identifizieren möchte, mit meinem Freund im Knast, der sich schämt, weil er das Leben nicht hinbekommt. Und genau so beginnt auch die Bergpredigt. Gott will gerade dich in seinem Team. Keiner ist zu klein, doof, schlecht, ungebildet. Gott will mit dir zusammen die Welt verändern.

Zum Nachdenken

Es ist sicher gut, Jesus nachzufolgen und seinem Beispiel zu folgen. Aber was hältst du von der Idee, dass sein größter Wunsch es ist, neben dir durchs Leben zu gehen und diese Welt mit dir zu verändern? (Johannes 15,15)

5. Die Abschlussprüfung

Der Professor stand vor seinen 20 Medizinstudenten. „Bevor ich Ihnen die Abschlussprüfung präsentiere, möchte ich mich herzlich bei allen von Ihnen bedanken! Sie haben das ganze Semester über gut mitgearbeitet. Mir hat die Zeit mit Ihnen viel Spaß gemacht. Da die meisten von Ihnen im nächsten Jahr an einer anderen Universität Medizin studieren werden, trennen sich unsere Wege nun leider. Weil ich denen, die diese Woche vielleicht ein bisschen zu viel gefeiert haben, den Notenschnitt nicht vermiesen möchte, mache ich Ihnen jetzt folgendes Angebot: Wer auf die Abschlussprüfung verzichten möchte, darf jetzt gehen und wird eine Zwei von mir bekommen!" Nach kurzer Denkpause entschieden sich 15 Studenten, das Angebot anzunehmen, und verließen ziemlich erleichtert den Saal.

„Okay, damit wäre unsere Gruppe nun deutlich kleiner. Dies wäre dann die letzte Chance, bevor ich die Unterlagen verteile. Möchte sich noch jemand die Arbeit ersparen?" Ein letzter Student stand auf und nahm das Angebot an. Als er die Tür hinter sich geschlossen hatte, schrieb der Professor die Namen der verbliebenen Prüflinge auf und sagte: „Ich freue mich, hier vier selbstbewusste Studenten im Raum zu sehen. Sie haben hart gearbeitet und sind mit Recht selbstbewusst. Selbstbewusstsein ist für Ihren späteren Beruf sehr wichtig. Gut, dass Sie gelernt haben, an die eigenen Fähigkeiten zu glauben. Jeder von Ihnen bekommt eine Eins."

KOMMENTAR

Ein gesundes Selbstbewusstsein! Das ist für Jesus ein wichtiger Schlüssel zum Eintreten in sein Reich, denn nur damit trauen wir uns, in Gottes neuer Welt mitzumachen. Wenn ich mir nichts zutraue, ist es sehr unwahrscheinlich, dass ich mich für andere Menschen einsetze und bereit bin, Opfer für sie zu bringen. Deshalb beginnt die Bergpredigt mit den Worten, die für seine Zuhörer revolutionär gewesen sind: „Ihr seid selig! Ihr seid von Gott gewollt! Gott selber traut euch zu, in seiner neuen Welt mitzumischen."

Zum Nachdenken

Wer oder was gibt dir Selbstvertrauen?
Was tust du, um deinen Kindern oder Freunden zu helfen, ein gesundes Selbstbewusstsein zu entwickeln?

6. Die perfekte Punktzahl

(Diese Geschichte soll tatsächlich passiert sein, und zwar an einer kanadischen Universität.)

Eigentlich ist sie seine beste Studentin. Sie ist intelligent, studiert fleißiger als alle anderen, und was sie anpackt, gelingt ihr. Nur eine Sache nervt! Sie hat sehr wenig Selbstvertrauen, hat große Angst, einen Fehler zu machen, und mit ihrer Unsicherheit treibt sie sich selbst und alle anderen in den Wahnsinn. Dieser ständige Druck, nicht versagen zu dürfen, macht sie kaputt. Kein Lob, keine ermutigenden Worte ihres Professors oder eines Mitstudenten können sie beruhigen. Und so nett sie auch ist, ist ihr Verhalten für jeden Beteiligten – und natürlich besonders für sie selbst – unglaublich anstrengend.

Er ist ein guter, mitfühlender Professor, und will ihr helfen, das Semester zu überstehen, ohne in der Psychiatrie zu landen. Als sie gleich zu Beginn der Vorlesungen wieder einmal vor ihm steht, mit all den Dingen, die sie unbedingt noch einmal ganz genau geklärt haben möchte, macht er ihr einen ungewöhnlichen Vorschlag:

„Ich möchte Ihnen ein Angebot machen, das ich so noch nie gemacht habe und wohl auch nie wieder jemandem machen werde. Ganz ehrlich: Ich weiß, dass Sie der Stoff interessiert. Ich weiß, dass Sie gut lernen werden. Und ich weiß um Ihr Fachwissen und Ihre Intelligenz. Deshalb mein Angebot: Ich werde Ihnen schon jetzt für dieses Semester die perfekte Punktzahl geben. Sie werden am Ende eine glatte Eins bekommen, ganz egal, was passiert. Ich wünsche mir einfach nur, dass Sie wenigstens einmal mit richtig viel Spaß ein Semester genießen können!"

Und so sollte es dann auch kommen. Noch nie war sie so entspannt in die Vorlesungen gegangen. Endlich mal keine schlaflosen Nächte, keine Alpträume, keine ständige Unruhe. Und die perfekte Punktzahl, die hätte sie am Ende natürlich auch ohne das großzügige Angebot ihres Professors bekommen.

KOMMENTAR

Kann so etwas funktionieren? Was ist denn mit denen, die solch ein Angebot eiskalt ausnutzen? Ich hatte in der Oberstufe mal einen Lehrer, bei dem wir wussten, dass wir uns am Ende des Jahres die Note mehr oder weniger aussuchen durften. Die meisten von uns – und ich war einer davon – konnten mit dieser Situation überhaupt nicht umgehen. Ich kann mich noch erinnern, wie ich mit ein paar Kumpels regelmäßig die Klasse zum Tischtennisspielen verlassen habe. War ja egal, denn die Note würde stimmen.

Richtig gelernt haben wir natürlich nichts, was wir sehr schmerzlich im nächsten Schuljahr gemerkt haben, als unser gutmütiger Lehrer durch einen strengen Kollegen, einen richtig „harten Hund", ersetzt wurde. Spätesten da haben wir gemerkt, dass wir das Jahr nur sinnlos vertrödelt hatten.

Zum Nachdenken

Kann das, was Jesus gemacht hat, überhaupt funktionieren? Leute einzuladen und den Himmel zu versprechen, bevor sie auch nur irgendetwas geleistet haben? Macht uns Gnade wirklich besser, wie in der Geschichte, oder macht sie uns schlechter?

7. Die Perle

Ein nobles Schmuckgeschäft hatte im Schaufenster eine wunderschöne Perle ausgestellt, die Passanten immer wieder zum Staunen brachte. Sie hatte einfach eine Anziehungskraft, die man kaum beschreiben konnte.

Die meisten Kunden trauten sich gar nicht erst zu fragen, was die Perle denn kosten würde. Ihnen war klar, dass sie unbezahlbar sein musste. Wenn sich doch mal jemand zu fragen traute, schaute ihm der Juwelier verschmitzt in die Augen und sagte lächelnd: „Oh, sie kostet alles, was Sie haben!" Daraufhin lachten die meisten Kunden höflich und ein bisschen peinlich berührt und verließen dann, mit einem letzten Blick auf die magische Perle, schnell das Geschäft.

Eines Tages betrat ein ungewöhnlicher Kunde den Laden. Es war ein äußerst kalter Wintertag gewesen, und der Obdachlose schlich sich hinein, um sich ein paar Minuten lang aufzuwärmen. Und es passierte genau das Gleiche wie bei den anderen Kunden: Er verfiel der magischen Anziehungskraft der Perle und konnte seine Augen nicht mehr von ihr wenden. Dann fragte er den Juwelier nach dem Preis. Und auch er bekam die Antwort: „Die Perle kostet Sie alles, was Sie haben!" Selbst der Bettler, der ja eigentlich nichts besaß, war von diesem Preis etwas geschockt, aber er konnte seinen Blick einfach nicht von der Perle lösen, die so schön war.

Dann ging er zur Kasse, zog seinen Mantel aus und legte ihn auf den Ladentisch, zusammen mit ein paar Habseligkeiten, die er noch in der Hosentasche hatte. Und das Unglaubliche geschah: Er verließ das Schmuckgeschäft mit der magischen Perle in seiner Hand. Seine Freunde konnten kaum fassen, dass er nicht einmal mehr einen Mantel und Schuhe hatte. Bis sie begriffen, dass er in Wahrheit nun reicher war, als sie alle zusammen es jemals sein würden.

KOMMENTAR

1. Das Gleichnis versucht zu erklären, warum so viele Zuhörer sich nicht auf Jesu Einladung in Gottes neue Welt eingelassen haben: Die Kosten sind einfach zu hoch. Und das, was man zurückbekommt, ist für viele zu schwer zu fassen.

2. Jesus scheint zu denken, dass es ein grundsätzliches Problem ist, wenn wir uns für besser halten als andere. Auch ein Grund, warum viele Reiche die Perle nicht gekauft hätten: Was ist die denn schon wert, wenn selbst ein Armer sie sich leisten kann?

Auch darum waren die ersten Nachfolger Jesu in der Regel ein ziemlich „uncooler" Haufen. Jesus selbst hat das einmal so ausgedrückt: „Die Jünger erschraken über seine Worte, aber Jesus sagte noch einmal: ‚Ja, Kinder, es ist sehr schwer, dort hineinzukommen! Eher kommt ein Kamel durch ein Nadelöhr als ein Reicher in Gottes neue Welt.'" (Markus 10,24-25)

Zum Nachdenken

1. Denke zunächst mal an fünf Menschen, die ihr Leben nicht ganz so auf der Reihe haben wie du. Denen es besser ginge, wenn sie sich mal an dir ein Beispiel nehmen würden! Von denen du Sachen denkst wie: „Wie die mit ihrem Geld umgehen! Wie sie sich in der Gemeinde einbringen! Wie sie Autofahren! Ihr Umgang mit Kindern und Familie ..."

2. Jetzt denke an fünf Leute, von denen du etwas lernen könntest! Was fällt dir leichter?

Empfinden deine Mitmenschen dich als arm, weil du alles aufgegeben hast, um eine Perle zu kaufen? Was hast du denn aufgegeben? Wie gibt man überhaupt „alles"?

8. Einstein

Während seiner Zeit in den USA wurde der berühmte Physiker Albert Einstein von einem Schaffner in der Bahn aufgefordert, sein Ticket vorzuzeigen. Der brillante Mann soll zeitweise etwas zerstreut gewesen sein. Jedenfalls suchte er verzweifelt in jeder Tasche nach dem Ticket und konnte es einfach nicht finden. Nach ein paar Minuten hatte der Schaffner ein Einsehen mit seinem Fahrgast. „Machen Sie sich bitte keine Sorgen. Es ist schon okay, ich weiß, wer Sie sind. Ich glaube Ihnen auch so, dass Sie einen Fahrschein gekauft haben." Aber Einstein suchte weiter verzweifelt nach seinem Ticket und wurde immer hektischer. Als der Schaffner 20 Minuten später noch einmal vorbeischaute, suchte der Professor noch immer nach seinem Fahrschein. „Es ist wirklich in Ordnung, Herr Einstein", sagte der Schaffner, „ich weiß, wer Sie sind!" „Junger Mann", antwortete Albert Einstein, „ich weiß auch, wer ich bin. Ich möchte wissen, wo ich hin muss!"

KOMMENTAR

Keine schlechte Frage: „Wer bin ich und wo will ich hin?"

Über die „Wer bin ich?"-Frage hat Jesus ja einiges erzählt (siehe letzte Abschnitte). In den nächsten Kapiteln wird es um die zweite Frage gehen: „Wo will ich hin?"

Zum Nachdenken

„Wer bin ich und wo will ich hin?"
Wie würdest du diese Fragen beantworten?

KAPITEL 2
LEBST DU SCHON?

Darum geht's: Die Jesus-Werte. Oder: Wie das Leben in Gottes neuer Welt funktionieren kann!

Gerechtigkeit
Wie man ganz allein eine komplette Stadt lahmlegen kann!

Der Soziologe Toni Campolo erzählte einmal folgende Geschichte: Auf dem Weg von der Arbeit nach Hause fährt er aus der City von Philadelphia abends in sein Haus am Stadtrand. Und dann hat er mitten im Feierabendverkehr eine Reifenpanne! Während er seinen platten Reifen wechselt, hört er folgende Mitteilung aus dem Autoradio: „Es ist verrückt", lautet der Live-Kommentar aus dem Verkehrshubschrauber. „Der Highway ist absolut dicht, Stau ohne Ende. Heute kommt keiner rechtzeitig nach Hause. Der Grund: Ein liegengebliebener, kleiner brauner Ford!"

„Ich fahre einen kleinen braunen Ford!", denkt Campolo. „Ich bin der Grund, warum diese große Tragödie meine Stadt befallen hat. Kinder weinen, weil Papa nicht nach Hause kommt, Liebende finden heute Abend nicht zueinander! Wichtige Business-Deals werden heute nicht mehr abgeschlossen! Und das alles hat einen einzigen Grund: Mich!"

Und Campolo gibt zu: „Eigentlich hätte mir das ja peinlich sein sollen! Aber ich kleiner Mann mit meinem kleinen Auto habe die Macht, die ganze Stadt lahmzulegen. Irgendwie sexy, der Gedanke!"

Da sitzen also tausende Menschen vor Jesus, denen voll viel Ungerechtigkeit angetan worden ist. Sie würden ihre Situation so gerne verändern. „Es muss etwas getan werden!" Vielleicht ein mächtiger Messias, der auf einem weißen Pferd in ihre Situation hineinreitet und mit all seiner Macht für Gerechtigkeit sorgt ... ?! Oder kann man eine Welt auch anders verändern?

DIE GLEICHNISSE

9. Unfair

„Sie sind so unglaublich unfair!", schrie er mit hochrotem Kopf! Er war erschöpft und müde, nachdem er zwölf Stunden lang im Weinberg für diesen reichen Gutsherren malocht hatte. Zwar hielt er den vereinbarten Lohn in den Händen, aber als ob dieser komische Gutsherr ihn bewusst provozieren wollte, hatte er eine Stunde vor Arbeitsende noch so ein paar Trottel eingestellt, und ihnen für eine knappe Stunde Arbeit genau den gleichen Lohn gegeben. Sogar noch vor ihm, dem guten Arbeiter, so dass der diesen Wahnsinn auch garantiert mitbekommen würde! „Wieso unfair?", fragte der Gutsherr jetzt auch noch. „Wer bist du denn, dass du mir vorschreiben willst, wie ich mein Geld zu verteilen habe?!"

Aber der Arbeiter war so sauer, dass der Gutsherr sich entschied, ihm eine Lektion zu erteilen. „Gut!", sagte er. „Wie du weißt, bin ich reich, und um dir zu beweisen, dass ich gut bin, werde ich dir alles geben, was du dir wünschst! Was immer du haben willst, du wirst es bekommen! Es gibt nur eine Bedingung: Deinem armen Nachbarn werde ich immer genau doppelt so viel davon schenken!"

Gesagt, getan! Der Mann wünschte sich endlich ein Haus für seine Familie, und der Herr kaufte ihm eines, ließ aber für seinen Nachbarn eins bauen, das genau doppelt so groß war! Er wünschte sich einen neuen Esel, kein Problem, aber der Nachbar bekam zwei!

Es hätte immer so weiter gehen können, aber der Mann konnte einfach nicht damit leben, dass es seinem Nachbarn so viel besser ging als ihm. Also ging er eines Tages zu dem Gutsherrn und fragte ihn, ob er ihm ein Auge ausstechen würde!

KOMMENTAR

In der Originalgeschichte in Matthäus 20,1-16 geht es um das zentrale Thema Neid.

Das Königreich Gottes, sagt Jesus, ist nicht fair. Gott beschenkt uns alle anders. Einige haben zehn Talente bekommen, andere sind nur für eins verantwortlich!

Damit trifft er bei vielen von uns eine empfindliche Stelle. Wir sind ständig mit dem Gefühl konfrontiert, dass ein anderer erfolgreicher, schöner und angesehener ist. Und dann kann er auch noch essen so viel er will und nimmt einfach nicht zu!

Zum Nachdenken

Was hältst du von der Frage, die Gott uns hier stellt: „Wirst du mich hassen, weil ich gut zu Menschen bin, zu denen du nicht gut wärst? Weil die es deiner Meinung nach nicht verdient haben?" Was wäre deine ehrliche Antwort auf diese Frage?

10. Die ungleichen Brüder

Stefan und Henrik waren als Kinder nicht nur Brüder, sondern auch beste Freunde. Ihre Eltern gaben ihnen ein gesundes Gottesbild mit auf den Lebensweg und sorgten dafür, dass die beiden eine gute Ausbildung bekamen. Henrik, der jüngere, studierte auf Lehramt, und Stefan ließ sich zum Manager ausbilden.

Doch nur ein paar Jahre später sollte ihr Leben eine sehr unterschiedliche Entwicklung nehmen. Als Henrik kurz vor seiner Hochzeit stand, hatte er ein sehr eindrückliches und intensives Gotteserlebnis, das seinen Lebensweg komplett verändern sollte. Unter Tränen löste er seine Verlobung und zog in ein kleines Dorf, in eines der ärmsten Länder dieser Welt, um dort, mitten unter den Bewohnern, Entwicklungshilfe zu leisten. Wenn er ihr Leiden sah, brach es immer wieder sein Herz, und wieder und wieder gab er seinen wenigen Besitz weg, um zu helfen, wo es nur nötig war! Nach einem aufopferungsvollen Leben starb er viel zu jung und unbeachtet in seinem kleinen Dorf an Malaria!

Sein Bruder Stefan lebte ganz anders. Er war ein sehr guter Kaufmann und verdiente schnell richtig viel Geld. Zwar galt er als abgebrüht und war nicht gerade nett zu seinen Angestellten, aber dafür war er richtig erfolgreich. Ehrlich war er auch nicht immer, aber man konnte ihm nie etwas nachweisen. Stefan heiratete eine wunderschöne Frau, und zusammen hatten sie drei Kinder. Er liebte seine Familie, obwohl er diese Liebe nie so richtig zeigen konnte. Er genoss das Leben und starb friedlich in den Armen seiner Frau, umringt von seinen Kindern und Enkelkindern.

Weil im Himmel die Zeit anders läuft, kamen die beiden Brüder zeitgleich dort an. Nachdem Jesus sie begrüßt und mit beiden gesprochen hatte, war Henrik schon überrascht, dass beide gelobt wurden. Und als er hörte, dass sie genau den gleichen Lohn bekommen würden, fing er an zu weinen ...

... vor Freude, denn er liebte seinen großen Bruder über alles und konnte sich so richtig für ihn freuen! Sein Bruder Stefan begann ebenfalls zu weinen. Denn er war traurig, weil er merkte, dass er sein Leben total vergeudet hatte.

KOMMENTAR

Warum stört mich die Geschichte? Sicher wegen meines ausgeprägten Gerechtigkeitssinns, der sich meldet, wenn gute Taten nicht belohnt und böse nicht bestraft werden. Und da bin ich nicht der Einzige. Ich habe vor kurzem eine Kleingruppendiskussion geleitet, und es hat mich doch ein bisschen überrascht, wie viele in der Gruppe die Idee einer Hölle durchaus attraktiver fanden als einen Gott, der am Ende allen vergibt. Man muss doch irgendwie für seine Sünden bestraft werden?!

Dann stört mich an der Geschichte auch, dass es für Henrik nur Verzicht bedeutete, das Reich Gottes voranzubringen. Muss mein Leben als Jesus-Nachfolger so trostlos aussehen? Die Vorstellung ist weit verbreitet. Ein Freund hat das vor etlichen Jahren mal so versucht zu erklären: „Meine Theorie", hat er mir erzählt, „geht so: Die Idee des Lebens auf dieser Erde ist ähnlich wie meine Bundeswehrausbildung. Zunächst mal musst du ‚Sch ... fressen', klein beigeben und das tun, was keinen Spaß macht, aber eben von dir verlangt wird. Doch eines Tages bist du selber Boss, kriegst viel Geld und kannst es dir gut gehen lassen! Unser Leben hier ist die Grundausbildung, aber wer da anständig mitmacht, bekommt nachher im Himmel die Belohnung!"

Aber Jesus sagt was anderes. Er hat gelehrt, dass es unserem Leben (schon hier in der Gegenwart) eine unglaubliche

Qualität gibt, wenn wir uns entschließen, an seinem Reich mitzubauen und uns an andere zu verschenken (lies mal Lukas 9,24).

Zum Nachdenken

Gönnst du es anderen, wenn Gott großzügig zu ihnen ist? Auch wenn sie es deiner Meinung nach nicht verdient haben?
Wo erlebst du Gottes neue Welt (den Himmel) schon hier? Wo erfährst du die Belohnung für deine guten Taten? Oder würdest du auch manchmal lieber tauschen mit jemandem, der sich nicht auf die Nachfolge Jesu eingelassen hat?

11. Die Party

Du hast gerade das Buffet offiziell eröffnet, da kommt er. Und zwar so, dass jeder auf deiner Feier weiß: Er ist jetzt da! Man hatte dich gewarnt, ihn einzuladen. „Er kommt immer später, damit auch keiner seinen Auftritt verpasst!" Und weil es *deine* Party ist, scharwenzelt er immer um *dich* rum – der sicherste Weg, im Mittelpunkt zu stehen.

Sobald du dir am Buffet etwas Leckeres aussuchen willst, steht er neben dir, um dich mit „witzigen" Anekdoten zu unterhalten. Du hättest gerne all deine anderen Gäste begrüßt, die zum Teil von sehr weither gekommen sind, um mit dir zu feiern, aber er monopolisiert dich völlig und weicht nicht mehr von deiner Seite. Auch, als du es endlich an deinen Tisch geschafft hast, ist er gleich neben dir. „Hätte ich bloß auf meine Eltern gehört und Platzkarten besorgt!", denkst du dir noch.

Als du dich enttäuscht in dein Schicksal ergibst und dich darauf gefasst machst, dass er sich auch am Tisch neben dich setzen wird, rettet dich deine beste Freundin, indem sie ihm im letzten Moment seinen Platz mit den Worten wegnimmt: „Tut mir leid, wir hatten uns vorgenommen, zusammen hier zu essen! Ihr könnt euch ja später noch unterhalten!"

Einen Moment lang tut er dir fast leid, als er da steht und gar nicht fassen kann, was da eben passiert ist. Aber dann zieht er ab! Erst mal an die Bar, weil alle guten Plätze nun schon besetzt sind.

KOMMENTAR

„So ist es in Gottes neuer Welt!", sagt Jesus. „Hier gibt es keinen Platz für Anspruchsdenken! Angeber wie der nervige Gast haben hier nichts zu suchen."

Hier noch ein paar weitere skurrile (aber wahre!) Beispiele für solch falsche Denke:

- Vor ein paar Jahren hat eine junge Frau, die gerade mit dem Studium fertig war, ihre Universität angezeigt, weil sie nicht sofort nach ihrer Ausbildung einen Job gefunden hatte.
- Anfang der 90er Jahre wurde einer der größten Bierproduzenten in den USA wegen irreführender Werbung angezeigt. Ein junger Mann war sauer. Er hatte zwei Jahre lang die Produkte der Firma konsumiert und klagte nun wegen „emotionalem Stress". In den Werbespots der Firma waren Männer, die deren Bier tranken, immer sofort von leicht bekleideten Mädchen umringt. Aber er hatte, trotz seines hohen Bierkonsums, immer noch keine schöne Frau gefunden, die sich für ihn interessierte. Dafür wollte er nun Entschädigung.
- Als Tiger Woods, der damals alles überragende Golfprofi, dabei erwischt worden war, zahlreiche Affären gehabt zu haben, gab er eine Presseerklärung: „Ich hatte das Gefühl,

ich hätte es auf Grund meiner vielen harten Arbeit und des Stresses, den mein Beruf mit sich bringt, verdient, mal ein wenig meinen Versuchungen zu erliegen! Ich dachte, ich hätte das Recht darauf!"

Zum Nachdenken

Was genau stört dich an Leuten, die meinen, sie hätten immer Anspruch auf die besten Dinge?

12. Einbruch im Himmel

Stell dir vor, du hast es tatsächlich geschafft und kommst in den Himmel. Es ist noch viel schöner, als du es dir vorgestellt hast. Jetzt, wo du auf den goldenen Straßen spazieren gehst, sinkt es endlich ein. Du bist da, wo du immer hinwolltest! Nie wieder Tränen, nie wieder Krankheit, nie wieder Angst, kein Leid mehr, kein Krieg, und auch keine Ungerechtigkeit ... und du bist dabei!

Plötzlich merkst du, dass ganz hinten jemand über die Mauer geklettert kommt. Erst einer, dann noch einer! Voll heruntergekommen die Leute. „Die gehören hier eigentlich gar nicht rein!" Da vorne steht doch Gott, und er guckt fast genau in die Richtung der Eindringlinge! „Wieso merkt der das denn nicht?!"

Das Ganze macht dich richtig unruhig. Und du versuchst, dir Gehör zu verschaffen. „Das ist voll unfair, irgendwer muss doch was tun!"

Und dann schaust du näher hin! Da steht einer auf der anderen Seite der Mauer, der all diesem Gesocks auch noch eine

Räuberleiter gibt und die hier einschleust! „Wo ist denn Jesus, der muss doch was tun!" Und du guckst noch einmal näher hin, und du erkennst, dieser Typ, der all den Einbrechern über die Mauer hilft, ist ... Jesus!

KOMMENTAR

Man kann aus dieser Geschichte eine ganze Menge über sich selbst lernen, wenn man mal darauf achtet, mit welcher Person man sich am stärksten identifiziert. Das habe ich neulich am eigenen Leibe erfahren, als ein Zuhörer nach einem Gottesdienst unglaublich böse auf mich war, weil ich die Geschichte erzählt hatte. „Ich habe so hart gearbeitet, auf so vieles verzichtet, und all das Richtige geglaubt! Diese Geschichte veralbert das, was Jesus am Kreuz für uns getan hat!"

Zum Nachdenken

Gute Frage! Tut sie das?
Mit welcher Person dieser Geschichte kannst du dich am besten identifizieren? Warum?

13. Die geballte Faust

Es war die Nacht vor der Hochzeit seiner kleinen Schwester. Sie ist schon immer der Sonnenschein der Familie gewesen, und jetzt würde sie heiraten. Seit Monaten hatte sich die ganze Familie auf diese Party gefreut. Alle waren extra ein paar Tage vorher angereist, um seine Schwester und den Bräutigam gebührend zu feiern und endlich mal wieder zusammen zu sein!

Seine Schwester hat viele Talente, nur Organisation gehört nicht dazu. Also mussten alle mit anpacken. Es ist bereits zwei Uhr nachts, und noch immer ist er, gemeinsam mit den Familien und Freunden des Brautpaares, dabei, den Saal zu schmücken: Blümchen an die richtigen Stellen zu platzieren, Schleifchen anzubinden, und was man eben alles so tun muss, um einen Hochzeitssaal gebührend vorzubereiten. Irgendwann, als es schon längst keinen Spaß mehr macht, merkt er, dass seine Schwester nicht mehr dabei ist. „Was soll das denn? Das ist doch schließlich ihre Hochzeit! Weiß die überhaupt, dass wir uns hier alle abrackern für sie? Die macht bestimmt schon längst ihren Schönheitsschlaf. Tolle Braut ist das!" In diesem Moment ballen sich seine Hände zu Fäusten, und er entschließt sich, die Feier auf keinen Fall zu genießen!

Eigentlich war er eingeladen, die Party des Jahres mitzuerleben. Etwas Wunderschönes, wo Freunde großzügig ihre Zeit und sich selbst schenken, und das auch einer Braut, die es nicht verdient hat – darum geht es ja beim Schenken! Und er hätte mitmachen, miterleben, sich mitfreuen können. Doch er hat sich dagegen entschieden, dagegen, die „Ungerechtigkeit" auszuhalten, und diesen Tag zu genießen – und das würde er noch lange bereuen.

KOMMENTAR

Jesus hat gelehrt, dass das Leben im Reich Gottes unfair ist. „Es regnet auf die Guten und die Bösen!", sagt er. Einige von uns sind nur für ein Talent verantwortlich, während andere zehn bekommen. Einer, der zwölf Stunden arbeitet, bekommt den gleichen Lohn wie einer, der nur eine Stunde schafft.

Da kann es leicht passieren, dass sich die Hände zu Fäusten ballen. Es ist gut und richtig, wenn die Ungerechtigkeit dieser Welt uns wütend macht und uns anspornt, etwas zu verändern. Nur müssen wir aufpassen, dass sie uns nicht hart macht! Denn wenn meine Fäuste nur noch geballt sind, ist es schwer, ein Geschenk zu empfangen oder zu verschenken ... und man läuft Gefahr, Gottes neue Welt zu verpassen!

Zum Nachdenken

Hast du das schon einmal erlebt? Dass sich deine Fäuste geballt haben und dich unfähig gemacht haben, Gutes zu tun?
Wie behält man ein weiches Herz?

14. Der Machtkampf

(Nach einem Gleichnis von Aesop)

Eines Tages kam es zu einem heftigen Streit zwischen dem Wind und der Sonne, wer von den beiden denn nun stärker sei. Mit einem Wettstreit wollten sie diesen Disput ein für alle mal klären. Die Aufgabe: Wer schafft es zuerst, einen Wanderer dazu zu bringen, sich seines Mantels zu entledigen? Der oder die schnellere würde dann auf immer und ewig als mächtiger bekannt sein.

Der Wind begann, und er blies so fest er nur konnte. Mit all seiner Kraft versuchte er, dem armen Wanderer den Mantel einfach vom Leib zu pusten. Doch je härter er blies, desto stärker wickelte sich der Mann seinen Mantel um den frierenden Körper. Entnervt gab der Wind irgendwann auf.

Dann war die Sonne dran. Mit ihren wunderbar wärmenden Strahlen durchbrach sie die Kälte. Der Wanderer setzte sich sogleich erleichtert auf eine Bank, machte den Mantel auf und warf ihn neben sich auf den Boden.

So wurde die Sonne zur Gewinnerin erklärt, und seit diesem Wettkampf weiß jeder, dass Wärme und Liebe stärker und nachhaltiger sind als Zwang und Macht.

KOMMENTAR

Vielleicht ist das die Hauptaussage des christlichen Glaubens: Liebe gewinnt über Macht. Immer!

Stell dir vor, du bist unsterblich in jemanden verliebt, und die andere Person beginnt eine Beziehung mit dir, aber eigentlich nur, weil sie nichts Besseres gefunden hat. Du würdest alles für die/den andere(n) tun. Aber deine Wünsche sind dem „Partner" eigentlich nicht so wichtig!

Frage: Wer hat in dieser Beziehung die Macht?
Antwort: Immer die Person, die weniger liebt.

Und trotzdem, so lehrt Jesus, passiert Veränderung nicht durch Machtdemonstrationen, sondern durch Liebe. Der Soziologe Max Weber erklärt das, indem er zwischen „Macht" und „Autorität" unterscheidet:

1. Macht ... hat derjenige, der ein Machtinstrument besitzt!
Beispiel: Als deutschem Autofahrer ist es mir in Kanada wiederholt passiert, dass mich ein freundlicher Polizist wegen zu schnellen Fahrens aufgefordert hat, rechts rüberzu fahren. Ich hab das gemacht, obwohl ich eigentlich gar nicht rechts rüberfahren wollte. Warum? Ganz einfach: Er hatte ein Machtinstrument, seine Pistole. Er musste dieses Instrument nie benutzen. Er musste sie nicht einmal rausholen. Aber ich wusste immer, dass er diese Macht besaß. Damit hätte er mich jederzeit zwingen können, eine Nacht hinter Gittern zu verbringen. Der einzige Grund, warum ich ihm gehorcht habe!

2. Autorität ... verschafft man sich durch liebevolles Dienen!

Denke einen Moment an deine Mama. Gegen die meisten von uns würde sie in einem Boxkampf keine Chance haben! Trotzdem tun wir, was unsere Mütter sagen!

Warum? Wegen ihrer tausend aufopfernden, uns dienenden Gesten.

Rate mal, auf welche Art und Weise Jesus die Welt gerechter machen möchte? Kleiner Tipp: Es ist nicht Autorität!

Zum Nachdenken

Kannst du dich an ein Beispiel erinnern, bei dem du etwas getan hast, das du eigentlich nicht wolltest, weil jemand, der dir nahe stand, sich deine Autorität „erdient" hatte?
Wie gehst du vor, wenn du jemanden dazu bewegen möchtest, etwas zu tun? Bist du eher wie der Wind oder wie die Sonne?

15. Heiratsantrag eines Löwen

(Frei nach Aesop)

Das wildeste und stärkste aller Tiere, der mächtige Löwe, hatte sich unsterblich in ein junges Mädchen aus dem Dorf verliebt. Also ging er zu ihren Eltern, die schon etwas betagt waren, um dort um die Hand ihrer schönen Tochter anzuhalten.

Die Eltern waren darüber sehr erschrocken. Natürlich wollten sie ihr einziges Kind nicht dem König der Tiere überlassen. Aber sie hatten auch Angst, dass das wilde Biest ihnen etwas antun könnte, wenn es nicht bekam, was es wollte.

Nach etwas Bedenkzeit versuchten sie es daher mit einer

List: „Natürlich würden wir uns freuen, wenn unsere Tochter einen so mächtigen Herrscher heiraten dürfte. Nur machen wir uns eben auch Sorgen um sie. Sie ist so zart und zierlich, und Sie sind so stark. Ihre Krallen sind so scharf, Ihre Zähne sind so kräftig. Wir haben Angst, dass sich unser Mädchen durch den Umgang mit Ihnen schwer verletzen könnte. Wenn Sie sich allerdings ihre Krallen stutzen und Ihre gefährlichen Eckzähne ziehen lassen würden, dann würden wir Ihnen unsere Tochter gerne zur Frau geben."

Der Löwe überlegte eine Weile, und weil er so verliebt war, willigte er tatsächlich ein. Er ließ sich die Krallen und seine gefährlichen Reißzähne entfernen und kam anschließend ins Dorf zurück, um sich seine Braut zu holen.

Doch als er so im Dorf erschien, lachten ihn die Eltern nur aus und schickten ihn fort, denn natürlich hatten sie nun ihre Angst vor dem „mächtigen" Löwen verloren.

Aesops Kommentar: Liebe zähmt selbst den Mächtigsten und zieht ihm die Zähne!

KOMMENTAR

Noch ein Gleichnis zum Thema Macht und Autorität! Jeden Tag wurde Jesus mit unglaublicher Unterdrückung und sozialer Ungerechtigkeit konfrontiert. Und die einzige Antwort, die vielen seiner Zeitgenossen einfiel, war es, mit mehr Macht zurückzuschlagen. Jesus lehrte eine andere Antwort: „Liebe deine Feinde, diene ihnen, und nach und nach wirst du die Situation verbessern. Nach und nach wird sich zeigen, dass Liebe am Ende gewinnt."

Das ultimative Beispiel ist das Kreuz: Hier kommt es zum Showdown zwischen Macht und Liebe! Das mächtigste Volk der damaligen Welt entscheidet sich, die in Jesus personifizierte Liebe mit aller Macht und auf brutalste Art und Weise zu vernichten. Aber am dritten Tag, behaupten seine Nachfolger, ist die Liebe auferstanden und hat über die Macht triumphiert. „War das wirklich schon alles, was Macht zu bieten hat?", lachen sie.

Liebe gewinnt.

Auch wenn es im Gleichnis vom verliebten Löwen erstmal ganz und gar nicht so aussieht!

Zum Nachdenken

Kennst du andere Beispiele, wo der vermeintliche Verlierer am Ende doch noch gewinnt, weil er liebt?

16. Mir geht es so schlecht!

(Eine wahrscheinlich wahre Geschichte, die der Psychologe Dr. Scott Peck erlebte)

Eines Morgens bekommt ein Psychologe einen tränenreichen Anruf von einer Patientin, die er wegen ihrer Depressionen behandelt. „Mir geht es so fürchterlich! Alles hat sich gegen mich verschworen! Und jetzt bin ich auch noch mit dem Auto liegengeblieben! Ich weiß einfach nicht weiter, ich brauche unbedingt heute noch eine Therapiestunde!"

„Okay, ich hab zwar wenig Zeit, aber ich versuche irgendwie, noch eine Lücke in meinem Terminkalender zu finden, in die ich Sie einschieben kann. Kommen Sie einfach zu mir in die Praxis."

Als sie im Krankenhaus ankommt, in dem er arbeitet, blättert der Psychologe durch seinen Kalender. „Ich habe jetzt noch eineinhalb Stunden lang einen Termin, aber ich gebe Ihnen die Zimmernummern von zwei anderen Patienten, die sich bestimmt sehr über einen Besuch von Ihnen freuen würden, dann müssen Sie hier nicht untätig rumsitzen. Danach können wir uns dann treffen!"

90 Minuten später kommt die Frau freudestrahlend ins Büro ihres Psychologen und hört nicht auf zu erzählen, wie gut ihr die letzten eineinhalb Stunden getan hätten. Endlich habe sie mal jemand anderem helfen können statt immer nur umgekehrt.

„Das ist ja super, dann haben wir ja eine Therapie für Sie gefunden", freut sich der Doktor. „Jetzt machen Sie mal halblang", erwidert die Frau, „Sie erwarten ja wohl nicht, dass ich so was jeden Tag mache!"

KOMMENTAR

Jesus hat es so ausgedrückt: „Denn wer sein Leben retten will, wird es verlieren. Aber wer sein Leben wegen mir und wegen der Guten Nachricht verliert, wird es retten." (Markus 8,35) Das Geheimnis eines guten Lebens ist es also gar nicht, krampfhaft glücklich sein zu wollen, wie man es uns ständig suggeriert. Das Geheimnis besteht vielmehr darin, sich einfach für Gerechtigkeit einzusetzen, das zu tun, von dem man überzeugt ist, das es gut und richtig und wichtig ist, und sein eigenes Glück dabei total zu vergessen.

Und dann, sagt Jesus, passiert das, was wie ein Widerspruch klingt: Du findest das, was du dir von Herzen wünschst, obwohl du es gar nicht suchst.

Zum Nachdenken

Empfindest du diese ständige Suche danach, „glücklich zu sein", auch manchmal als krampfhaft anstrengend? Wäre es wirklich so schlimm, wenn unser eigenes „Glück" gar nicht das Ziel unseres Lebens wäre?

17. Der Obstkorb

Sie hatten nie das Geld gehabt für einen teuren Urlaub, und auch jetzt war es knapp. Aber es war immerhin ihr 25. Hochzeitstag, und mit Hilfe von Freunden erlaubten sie sich, zum ersten Mal seit ihrer Hochzeitsnacht, ein richtig teures Hotelzimmer. Drei wunderschöne Tage in den Bergen sollten es werden – und waren es dann auch.

Aber als der Hotelmanager ihnen die Rechnung überreichte, stockte dem Ehemann der Atem. Die Rechnung war um einiges höher als vorher vereinbart. Es war ihm ein bisschen peinlich, aber er ließ sich die einzelnen Zahlen erklären.

„Und diese 30 Euro?"

„Die sind für den Obstkorb!"

„Aber wir haben den doch gar nicht angerührt!"

„Aber er war da, deshalb müssen wir ihn berechnen!"

Äußerlich ruhig schrieb der Ehemann dann letztendlich den Scheck aus. „Aber das sind ja 100 Euro weniger, als ich Ihnen berechnet habe", entrüstete sich der Hotelier.

„Ach, die 100 Euro habe ich Ihnen für Ihre gemeinsame Nacht mit meiner Frau abgezogen."

„Aber das würde ich doch nie, was erlauben Sie sich ...?"

„Na ja, sie war da!"

KOMMENTAR

Wie reagiert man, wenn einem Ungerechtigkeit widerfährt? Jesus hat immer wieder dazu aufgerufen, nicht zurückzuschlagen, den Gegner nicht in eine Ecke zu drängen, sondern ihm geschickt einen Spiegel vorzuhalten.

Vielleicht ist dir das auch schon einmal passiert! Du findest dich mitten in einem Konflikt, hast einen Freund, einen Kollegen oder dein Kind gerade so richtig rundgemacht! Und auf einmal wird dir bewusst, dass du gerade zu der Person geworden bist, die du eigentlich nie sein wolltest. Vielleicht kennst du das sogar, wenn man dann plötzlich über sich selbst lachen kann: „Oh nein, ich benehme mich gerade echt lächerlich!"

Zum Nachdenken

Versuch dich mal an vergangene Konflikte zu erinnern! An Ungerechtigkeiten, die dir widerfahren sind, an Situationen, wo du ungerecht gehandelt hast! Was hat der Situation am besten getan? Zurückschlagen? Sich zurückziehen und schmollen?
Sich dem Schicksal ergeben?
Hast du die kreative Jesus-Idee schon einmal ausprobiert? Dem anderen einen Spiegel vorgehalten, damit er sieht, was er tut? Dem anderen einen Weg aus der Situation geöffnet, ohne dass er sein Gesicht verliert?

18. In deiner Hand

Immer wieder stritten sich die beiden Brüder, ob ihr alter Herr ein weiser Mann sei. Der ältere war in der Regel der Fürsprecher des Vaters. „Natürlich sind seine Entscheidungen oft anders, als wir sie treffen würden! Aber er hat viel Erfahrung, er ist ein herzensguter Mensch, und nicht nur wir haben immer wieder von seinen weisen Entscheidungen profitiert!"

„Ich sehe das anders!", beschwerte sich der Jüngere. „Nur weil jemand alt ist, heißt das noch lange nicht, dass er auch weise ist. Seine Entscheidungen erscheinen mir in der letzten Zeit immer altmodischer und weltfremder. Die Welt dreht sich heutzutage nun mal wesentlich schneller, und ich bin mir nicht sicher, ob er da überhaupt noch mithalten kann!"

Nach einer dieser Diskussionen behauptete der junge Rebell, seinem Bruder durch ein Experiment beweisen zu können, dass der Vater wirklich nicht auf alles eine Antwort hätte. Er hatte sich einen üblen Trick überlegt. Er würde einen kleinen Vogel fangen und versteckt in seiner Hand halten. Dann würde er den Vater fragen, ob das, was er da in seinen Händen halte, tot oder lebendig sei. Würde der Vater tot sagen, dann würde er den Vogel dramatisch fliegen lassen. Im anderen Fall würde er zudrücken und ihn töten.

Als er so vor seinem Vater stand, schaute der seinen Jüngsten traurig an und überlegte einen Moment. Er hatte dessen Absicht schnell durchschaut. Und natürlich wollte er nicht Zeuge eines Vogelmordes werden. Nach einer kurzen Weile sah er seinem Sohn tief in die Augen: „Ob der Vogel stirbt oder lebt, das liegt allein in deiner Hand!"

KOMMENTAR

Manchmal können wir Gottes Entscheidungen auch nicht nachvollziehen und stellen seine Liebe infrage. Wem das Leid dieser Welt nicht egal ist, der kann manchmal an ihm verzweifeln. Er soll doch ein gerechter Gott sein! Warum greift er nicht ein, wenn er uns doch angeblich so lieb hat? Das Gleichnis versucht eine Antwort zu geben: Wir haben es in der Hand, etwas zu ändern. Gott gibt uns die Verantwortung und traut uns zu, eine bessere Welt zu errichten.

Zum Nachdenken

Liegt das Schicksal dieser Welt (oder zumindest die Frage, ob in deinem Umkreis Gerechtigkeit oder Ungerechtigkeit geschieht), tatsächlich in deiner Hand? Oder doch allein in Gottes Hand? Oder in beiden Händen?

19. Erster Klasse fliegen

Auf einem Flug von New York nach London, nur ein paar Monate nach dem 11. September 2001, saß eine weiße Dame mittleren Alters in der Economy Class direkt neben einem dunkelhäutigen Mann, der offensichtlich arabischer Abstammung war. Aufgebracht rief die Frau sofort nach dem Steward. „Was ist denn das Problem? Kann ich Ihnen irgendwie helfen, gnädige Frau?" „Das sehen Sie doch selbst!", schnauzte sie zurück. „Sie haben mich direkt neben so einen ekligen Bombenleger gesetzt. Sie sollten sich schämen, mich so zu behandeln! Ich bestehe darauf, dass Sie mir einen anderen Platz besorgen."

„Es tut mir außerordentlich leid!", antwortete der Steward. „Bitte beruhigen Sie sich! Ich glaube nicht, dass es noch freie Plätze gibt auf diesem Flug, aber selbstverständlich werde ich nachschauen, ob sich da irgendwie eine Lösung findet."

Als er ging, machte die Dame eine missbilligende Geste, der dunkelhäutige Passagier neben ihr studierte beschämt seine Füße, und auch die anderen Fluggäste sahen peinlich berührt nach unten.

Nur ein paar Minuten später war die Flugbegleitung wieder zurück. „Madam, ich habe erfreuliche Neuigkeiten. Wie gesagt, in der Economy Class und auch in der Business Class sind wir komplett ausgebucht. Ich habe allerdings einen Platz in der Ersten Klasse ausfindig machen können."

Als wollte sie sagen „Seht ihr?", grinste die Frau ihren Mitpassagieren zu.

„Da es normalerweise sehr unüblich ist, einen Gast hochzustufen, musste ich erst bei unserem Kapitän um Erlaubnis fragen", ergänzte der Flugbegleiter. „Er hat mir aber gesagt, dass wir wegen der extremen Umstände hier eine Ausnahme machen müssen! Keiner sollte gezwungen werden, neben so einer widerlichen Person zu sitzen." Mit diesen Worten drehte er sein Gesicht dem dunkelhäutigen Passagier entgegen: „Sir, wenn Sie mir Ihr Handgepäck geben wollen, dann bringe ich Sie gerne zu Ihrem Sitz."

Als sich der Mann schüchtern erhob, standen die übrigen Mitpassagiere, die die Szene verfolgt hatten, auf, um den Flugbegleiter mit einer Standing Ovation zu feiern.

KOMMENTAR

„Verurteilt nicht andere, damit Gott nicht euch verurteilt! Denn euer Urteil wird auf euch zurückfallen, und ihr werdet mit demselben Maß gemessen werden, das ihr bei anderen anlegt." (Matthäus 7,1-2)

Zum Nachdenken

Jesus war in der Regel sehr nachsichtig mit den großen und kleinen Sünden seiner Mitbürger. Nur eins schien ihn unglaublich zornig zu machen: Wenn jemand sich für besser hielt und einem anderen das Gefühl gab, nichts wert zu sein. Dann hat Jesus auch seine eigenen Jünger immer wieder zur Schnecke gemacht! Warum scheint Überheblichkeit für Jesus so ziemlich die dreckigste Sünde zu sein?

Wenn du eine persönliche Liste mit den für dich fürchterlichsten Sünden bzw. Ungerechtigkeiten erstellen würdest, an welcher Stelle käme da das Thema Überheblichkeit?

Glaube und Handeln

„Unser Glauben und unser Handeln sollten so aussehen, als ob sie den gleichen Vater haben!" (Bob Goff)

Wenn du dir das Bild anschauen würdest, das ich für mein Facebookprofil gewählt habe, wärst du wahrscheinlich ziemlich beeindruckt. Da stehe ich braungebrannt, mit schwarzem T-Shirt, denn schwarz macht schlank. In der Hand ein Mikrophon, damit die Leute wissen, dass ich etwas zu sagen habe. Die Haare sitzen richtig gut, ich lächele. Das Foto ist von Profis aufgenommen, die wissen, wie man jemanden gut in Szene setzt.

Es gibt auch andere Fotos von mir, die ich nie veröffentlichen würde. Bilder, auf denen man mir mein Übergewicht ansieht, wo die Haare eben nicht sitzen, und wo ich alles andere als intelligent oder wichtig wirke.

Ähnlich ist es mit Glaube und Handeln. Natürlich glaube ich an Fairness und Gerechtigkeit und an einen Gott, der mich liebt und auf mich aufpasst. Ich bin ja ein Guter! Wenn mein Handeln dem nur entsprechen würde! Es gibt eine Webseite (www.slaveryfootprint.org), mit deren Hilfe du herausfinden kannst, wie viele Sklaven weltweit dafür ausgenutzt werden, damit du dein Konsumverhalten nicht ändern musst. Wenn du nach einem Gottesdienst deinen Kaffee trinkst und dir einen Schokoladenkeks reinschiebst, unterstützt du damit vielleicht ein System, das auch vor Kinderarbeit nicht zurückschreckt.

Nicht unbedingt ein Image, das ich posten würde. Aber Jesus hat gelehrt, dass Glauben und Handeln übereinstimmen müssen. Dass die schmerzhafte Konfrontation mit der Wahrheit mir gut tut.

Darum soll es in diesen nächsten Gleichnissen gehen.

DIE GLEICHNISSE

20. Die Beichte

Zwei Menschen gingen in die Kirche, weil es wieder einmal an der Zeit war, die Beichte abzulegen. Dem ersten Mann, einem regelmäßigen Kirchgänger, fiel nicht all zu viel ein. Ja, da waren so ein paar Kleinigkeiten gewesen, ein paar böse Gedanken, wie sie halt jeder einmal hat. „Aber zum Glück bin ich ja nicht wie die Leute, die solchen negativen Impulsen dann auch folgen!", denkt er sich. „Manche motzen ja auch immer, es wäre so schwer, als guter Mensch in einer Welt zu leben, in der es so ungerecht zugeht. So schlimm ist das alles doch gar nicht. Obwohl, Politiker, Pornographen, Bänker, Griechen, Terroristen, Langsamfahrer auf der Überholspur – da könnte man schon mal was machen!"

Im Beichtstuhl nur ein paar Reihen weiter ging es anders zu! Sie sprach ganz leise, musste ihre Beichte immer wieder unterbrechen, weil sie so weinen musste wegen all der Dinge, die sie getan hatte. Sie war so eine, die es den Guten – und auch sich selbst – so schwer machte. Sie fand es so anstrengend, gut zu sein. Und nun saß sie in der dunklen Beichtkammer und flehte um Vergebung.

Und einer der beiden Beter verließ die Kirche und hatte wirklich mit Gott gesprochen!

KOMMENTAR

In der Originalgeschichte (Lukas 18,10-14) geht es um Menschen, die aus verschiedenen Gründen glauben, dass alle anderen an der Situation in der Welt Schuld seien. Wenn andere so glauben, so handeln würden wie sie, so ihre Überzeugung, dann würde sich diese Welt schnell verbessern.

Das ist natürlich ein altes Problem und beginnt mit Adam

und Eva, die sich nach dem „Entdecktwerden" erst gegenseitig und letztendlich auch Gott die Schuld in die Schuhe schoben. Aber auch ein modernes. Es ist bis heute unglaublich populär, Menschen zu finden, die schlechter sind als ich. Das gibt mir das Gefühl, eben kein Versager zu sein, denn wer will das schon?

In Lukas 18 stellt der Geschichtsschreiber übrigens gleich noch ein weiteres Gleichnis vor, das uns beibringen kann, uns selber nicht so wichtig zu nehmen: Kinder, die wichtigsten Mitstreiter in Gottes neuer Welt, werden von Jesus gesegnet und groß gemacht!

Zum Nachdenken

Ist das auch deine Erfahrung? Dass Veränderung da anfängt, wo ich mir meiner eigenen Schuld bewusst werde? Hat Jesus Recht? Oder hältst du es eher mit der Einstellung: „Wir sind doch alle ganz okay"?
Warum sind bei Shows wie „Deutschland sucht den Superstar" in der Regel die Episoden am interessantesten, wo Versager gezeigt werden, die sich zum Affen machen? Was macht das mit dir, anderen zuzusehen, die schlechter sind als du?

21. Der Schmuggler

Seit vielen Jahren beobachteten die Beamten von der Zollbehörde, wie ein junger Mann immer wieder die Grenze in ihr Land mit einer Schubkarre überquerte. Sie hatten ihn schon dutzende Male angehalten, seine Karre genauestens inspiziert, aber obwohl sie sich sicher waren, dass der Mann etwas in ihr Land schmuggelte, konnte er nie überführt werden. Nie fanden sie mehr als ein paar alte Lumpen bei ihm.

Viele Jahre später traf ein inzwischen pensionierter Grenzpolizist den mittlerweile grauhaarigen alten Mann in einer Kneipe und sprach ihn an. „Jetzt, wo die ganze Sache längst verjährt ist, kannst du es mir nicht erzählen? Wir haben uns ewig den Kopf zerbrochen – wie hast du das nur geschafft, uns auszutricksen? Bitte, sag mir doch, was hast du eigentlich all die Jahre lang über die Grenze geschmuggelt?"

„Oh, ganz einfach", grinste der alte Schmuggler. „Ich hab Schubkarren in euer Land geschmuggelt!"

KOMMENTAR

„Es kommt auf die inneren Werte an", sagen wir manchmal. Aber häufig stimmen unsere inneren Werte nicht mit unserem Handeln überein. Also gehören sehr schizophrene Verhaltensweisen zu unserem täglichen Leben. Nach außen erscheint zwar alles in Ordnung (wie bei dem Schmuggler), aber einer genaueren Prüfung hält unsere Lebensweise nicht stand. So ist durchaus möglich, dass ich meine Kinder mit dem Auto den einen Kilometer zum nächsten McDonalds fahre, und während der kurzen Fahrt mit ihnen darüber diskutiere, wie wichtig Umweltschutz ist. Während wir dann unsere Hamburger in uns reinstopfen, kann es gut sein, dass wir uns alle einig sind, dass gesunde Ernährung wichtig ist; und dass man unbedingt mal darüber nachdenken sollte, wie negativ sich eine Überproduktion von Rindfleisch auf unsere Regenwälder und den Energiemangel auswirkt.

In einem Gottesdienst ist es leicht, zustimmend zu nicken, wenn der Pastor davon redet, dass unser Wert nicht von unserem Image abhängt, und auch nicht davon, wie viele Klamotten und Handys wir besitzen. Es ist leicht, sich sogar über Leute lustig zu machen, die so etwas glauben. Aber dann verlassen wir die Kirche und leben genauso, als ob wir glauben würden, dass unser Wert von genau diesen Dingen abhängt.

Darum geht es in diesem Gleichnis: Vielleicht kommt es ja in Gottes neuer Welt nicht in erster Linie darauf an, was ich glaube, sondern darauf, was ich tue! Dass der äußere und der innere Schein übereinstimmen.

Zum Nachdenken

Kann es sein, dass mein Handeln ein guter Gradmesser ist, was ich wirklich glaube?
Oder tut es zu weh, da genauer hinzuschauen?

22. Vorsicht, Hühner!

Nach monatelangen Sitzungen bei seinem Psychiater hat es der Mann mit dem etwas außergewöhnlichen Problem doch noch verstanden. Endlich hat er seine Angst vor Hühnern überwunden: „Sie haben Recht, Herr Doktor, ich bin kein Saatgut, ich bin ein richtiger Mensch!", freut er sich über seine neue Erkenntnis. „Nun haben Sie es begriffen!", freut sich auch der Psychologe. „Natürlich sind Sie kein Saatgut, und deswegen brauchen Sie auch keine Angst vor Hühnern zu haben!"

Freudestrahlend geht der geheilte Mann nach Hause, um nun ein neues Leben zu beginnen.

Der gute Psychiater ist sehr verwundert, als sein ehemaliger Patient nur wenige Wochen später wieder vor ihm steht. „Was ist denn mit Ihnen los? Sie sehen ja richtig fertig aus!" Schweißgebadet und mit Panik in der Stimme erklärt der ihm: „Etwas Furchtbares ist passiert! Mein Nachbar hat sich Hühner angeschafft. Ich habe solch eine Angst, dass ich seit Tagen nicht mehr schlafen konnte!"

„Aber das haben wir doch alles längst besprochen. Sie haben mir doch selber gesagt, dass Sie jetzt glauben können, dass Sie kein Saatgut, sondern ein richtiger Mensch aus Fleisch und Blut sind."

„Ja, ich weiß es ja!", sagt der Patient. „Aber wissen die Hühner das auch?"

KOMMENTAR

Eine Erzählung zum gleichen Thema wie die vorherige Geschichte. Ich kann mir einreden, an einen guten Gott zu glauben, der auf mich aufpasst und mich nie verlässt! Das kann ja nichts schaden. Und natürlich sage ich, dass Kindersklaverei aufhören muss. Ich würde nie auf den Gedanken kommen, bewusst ein System zu unterstützen, das vierjährige Kinder in die Sklaverei zwingt.

Aber häufig zeigt mein Handeln, dass es mit meinem „Glauben" nicht weit her ist. Schon ein Blick in meinen Kleiderschrank zeigt dir, wie es wirklich bei mir aussieht.

Zum Nachdenken

Die Frage ist, ob die Konfrontation mit der Wahrheit uns nur depressiv macht oder das Potenzial hat, uns zu verändern. Oder erscheint dir das „Kopf-in-den-Sand-Prinzip" hier hilfreicher?

23. Die 5000 (oder: Als Jesus mal eine Auszeit brauchte)

(Frei nach Peter Rollins)

Sie waren ständig um ihn herum, immer gab es irgendwelche Nöte, um die er sich kümmern musste, nie hatte er mal einen Moment Ruhe. Irgendwann war er so müde, dass er nicht mehr konnte. Also ließ er sich von seinen Jüngern zur anderen Seite des Sees fahren. Endlich ein bisschen Stille!

Aber das wollten sie nicht mitmachen. Die Menschen waren so begeistert von Jesus, dass sie die vielen Kilometer um den See liefen, um ihm weiter zuhören zu können. Als Jesus ihr Verlangen nach guter Nachricht sah, ließ er sich, trotz seiner Müdigkeit, nicht lange bitten, stand auf und erzählte bis zum Abend Geschichten über das Königreich Gottes!

Als es schließlich dunkel wurde, kam der große Hunger. Nur war die nächste Stadt weit weg. Also fragte Jesus seine Mitarbeiter, ob sie nicht etwas zu Essen besorgen wollten. Aber alles, was sie auftreiben konnten, waren fünf Brote und zwei kleine Fische. „Davon wird ja nicht mal einer satt!"

Und Jesus betete und beauftragte seine Jünger, die Menschen aufzufordern, wirklich alles herauszurücken, was sie an Proviant dabeihatten. Es dauerte etwas, aber die Leute taten wie geheißen. Und tatsächlich standen Jesus und seine Jünger jetzt vor einem ganzen Berg mit Essen.

Jesus brach also das Brot und sprach ein Dankgebet …

… und dann aßen er und seine Jünger wie Könige, mit schönem Ausblick auf all die hungernden Menschen.

Und wisst ihr, was das Unglaublichste ist an dieser Geschichte? Als sie mit dem Essen fertig waren, war nicht einmal ein Krümelchen übrig, von dem man hätte etwas abgeben können!

KOMMENTAR

Wenn ich diese Geschichte irgendwo erzähle, kommt eigentlich immer mindestens eine wütende Reaktion. Meistens von jemandem, der das Original kennt und den Jesus, der nie selbstsüchtig gehandelt hätte. Den Jesus, der ganz bewusst einen simplen Lebensstil geführt hat, den Jesus, der sich immer mit den Unterdrückten und den Außenseitern seiner Kultur identifiziert hat.

Richtig weh tut die Geschichte erst dann, wenn man sich bewusst macht, dass dieser Jesus die Idee hatte, dass wir heute sein Körper in dieser Welt sind:

„Ihr alle seid zusammen der Leib von Christus, und als Einzelne seid ihr Teile an diesem Leib." (1. Kor. 12,27).

„Und wir alle sind doch Teile an diesem Leib." (Epheser 5,30)

„Wer behauptet, ständig Gemeinschaft mit ihm zu haben, muss so leben, wie Jesus gelebt hat." (1. Joh. 2,6)

Zum Nachdenken

Und da stellt sich einem dann doch die entscheidende Frage: Welche Geschichte wäre zutreffender für uns, den Leib Christi? Die Originalgeschichte, wo wir der Welt das geben was wir haben (Matthäus 14) ... oder die Story, die uns so entrüstet, weil wir denken: „Wie kann einer so fies sein und den hungrigen Leuten einen vorkauen? Das ist doch überhaupt nicht der Jesus, dem wir folgen, oder?"

24. Das Auto als Waffe

Eines Nachts, gegen Ende einer feuchtfröhlichen Party, kam einigen verwöhnten jungen Männern in unserer Stadt eine böse Idee. „Nur mit Papas teuren Autos durch die Gegend fahren ist langweilig! Wie wäre es, wenn wir damit Fahrradfahrer umfahren? Wie in einem Videospiel? Das wäre mal ein Kick!"

Gesagt, getan! In dieser Nacht wurde ein neues Hobby erfunden, und über die nächsten Monate gab es Wettbewerbe in unserer kleinen Stadt, bei denen ein paar gelangweilte Kinder reicher Leute versuchten, mit ihren Sportwagen innerhalb einer Stunde die meisten Fahrradfahrer von den Fahrradwegen zu „schießen".

Die Stadt reagierte sofort mit viel Feingefühl und kümmerte sich liebevoll um die verletzten Fahrradfahrer. Viel Geld wurde gespendet, um bei den Krankenhauskosten zu helfen, die Betroffenen wurden besucht und die Familien betreut. Nur leider dachte man nie daran, der Ursache nachzugehen, und die verrückten Autofahrer daran zu hindern, weitere Menschen zu verletzen.

KOMMENTAR

Dieses Gleichnis stammt (in etwas anderer Form) von Dietrich Bonhoeffer, der der Meinung war, dass die Kirche sich nicht nur um Menschen kümmern sollte, denen es schlecht geht, sondern irgendwann auch die Ursache des Leidens zu bekämpfen habe.

Wir leben in einer Zeit, wo es langsam immer mehr zum guten Ton gehört, Fairtrade-Kaffee zu trinken, Bioprodukte zu kaufen oder sich über moderne Sklaverei zu informieren. Und das ist natürlich gut und notwendig. Trotzdem muss irgendwann jemand anfangen, die Ursache der Probleme zu bekämpfen.

Zum Nachdenken

Was sind denn eigentlich die Ursachen für die Ungerechtigkeit in der Welt? Und wie fängt man an, sie zu bekämpfen?

25. Der Mann, der Menschen in den Fluss schmiss

(Frei nach einer Erzählung von Sören Kierkegaard)

Als er an einem wunderschönen Herbsttag an einem reißenden Fluss entlang wanderte, hörte er plötzlich einen Schrei, dann ein Gurgeln und dann wieder Hilferufe. Ein junger Mann war offensichtlich in den Fluss gefallen und kämpfte gegen die Strömung um das nackte Überleben. Ohne groß zu überlegen, riss er sich den Rucksack vom Leib, entledigte sich seiner Jacke und sprang wagemutig in den Fluss. Und tatsächlich schaffte er es, dem Ertrinkenden das Leben zu retten.

Er hatte sich kaum etwas ausgeruht, da hörte er schon wieder Hilferufe aus dem Fluss. Wieder sprang er ins kalte Wasser, wieder kämpfte er gegen die Strömung, wieder erreichte er im letzten Moment den Ertrinkenden, und wieder rettete er ein Leben.

Doch kaum am Ufer angekommen, hörte er zum dritten Mal einen Hilfeschrei aus dem Fluss, und wieder versuchte er, den Ertrinkenden durch eine Rettungsaktion zu Hilfe zu kommen. Doch diesmal war er einfach zu erschöpft, um noch viel zu bewirken. Während er verzweifelt im Wasser watete, erschien plötzlich neue Hoffnung in Form eines Joggers an der anderen Flussseite. Nur schien der Jogger das Unheil gar nicht zu bemerken. Also brüllte unser Retter aus Leibeskräften nach Hilfe. „Ich kann nicht mehr! Du musst mir helfen, diesen Ertrinkenden aus dem Wasser zu ziehen! Bitte!"

„Ich hab leider keine Zeit!", schrie der Jogger zurück. „Ich habe etwas Wichtigeres zu tun!"

„Was kann denn wichtiger sein, als einem Menschen das Leben zu retten?"

„Ich bin auf dem Weg zur Brücke!", kam die Antwort. „Ich will versuchen den Verrückten zu stoppen, der all diese armen Menschen in den Fluss schubst!"

KOMMENTAR

Ich kenne viele gute Menschen, die aktiv werden, sobald sie Menschen in Not begegnen! Wenn sie jemanden leiden sehen, öffnet sich ihr Herz und sie helfen, wo sie nur können. Ich kenne aber nur wenige Menschen, die beides tun: helfen und sich Gedanken machen, wo eigentlich die Ursachen für all das Leid liegen, und dann dort anfangen, Hilfe zu leisten.

Bono ist einmal gefragt worden, welche Probleme er mit dem Verhalten vieler Christen hätte. Seine Antwort fand ich interessant: „Die meisten Christen, die ich kenne, glauben, dass sie ständig die Auswirkungen von dem bekämpfen müssen, was sie als Sünde empfinden. Lügen, Stehlen, Unzucht, Abtreibung usw. Kaum einer stellt aber mal die Frage, was dahinter steckt. Warum wir diese ‚Sünden' begehen. Kaum einer traut sich, seinen Ängsten, seiner Gier, seinem Egoismus einmal tief in die Augen zu schauen!"

Zum Nachdenken

Hat Bono Recht?
Wo vermutest du den Auslöser für das, was in unserem Leben oft schiefläuft?

26. Wie konnte ich nur?

Ein Mystiker, ein Dorfpriester und ein Fernsehprediger verursachen gemeinsam einen Verkehrsunfall. Der Mystiker fährt auf seinem Fahrrad in die Kreuzung und stirbt sofort an seinen Verletzungen. Der Priester, der in einem alten Kleinwagen dahergefahren kommt, erliegt nur kurze Zeit später ebenfalls seinen Verletzungen, und der berühmte Fernsehprediger, der in seinem nagelneuen Hummer in die Kreuzung einbiegt, kann einfach nicht glauben, dass ihm so etwas passieren konnte – und stirbt noch am Unfallort an einem Herzinfarkt.

Wenig später erscheinen sie alle im Vorzimmer zum Himmel, um ein Interview mit Jesus zu führen, das jedem Verstorbenen zusteht. Zuerst geht der Mystiker in dessen Büro. Als er etwa 90 Minuten später wieder hinauskommt, strahlt er. „Endlich verstehe ich viele dieser Wahrheiten, über die ich mein Leben lang immer nachgedacht habe! Jetzt freue ich mich auf mein Leben im Himmel."

Etwas zögernd, aber durchaus hoffnungsvoll, betritt der Priester das Besprechungszimmer. Von außen hört man beide viel Lachen, aber auch viel Weinen, und es dauert viele Stunden, bis der Priester den Raum in Richtung Himmel verlässt. „Wie konnte ich nur so viele Unwahrheiten glauben und so oft falsch liegen?", weint der Gottesmann.

Auch die Besprechung zwischen dem Fernsehprediger und Jesus dauert länger als geplant. Mehr als 24 Stunden vergehen, bis sich schließlich die Tür öffnet und Jesus kopfschüttelnd herauskommt: „Wie konnte ich nur so viele Unwahrheiten glauben und so oft falsch liegen?"

KOMMENTAR

Ich bin Pastor, und vieles an meinem Beruf finde ich sehr schön. Aber da gibt es einige Dinge an unserer Zunft, die ich sehr gefährlich finde. Zum Beispiel, dass so ziemlich jeder in meiner Gemeinde ruhig mal eine Glaubenskrise haben darf. Nur wenn ich irgendwo Zweifel habe, dann ist das ein Problem.

Das ist ein bisschen so wie beim Glauben an den Weihnachtsmann. Die wenigsten Kinder haben eine Krise, wenn sie früher oder später herausfinden, dass der Weihnachtsmann in Wahrheit nur eine Erfindung von Coca Cola ist! Die Krise haben eher die Eltern, die durch ihre Kinder das Privileg hatten, noch an den dicken Mann mit dem weißen Bart glauben zu dürfen, und die es genossen haben, so tun zu dürfen, „als ob".

Genau wie die Eltern durch ihre Kinder noch an das Weihnachtsmärchen glauben, glauben viele Gläubige durch ihre religiösen Leiter. Und wenn der dann mal zweifelt, herrscht emotionales Chaos. Dann gerät unsere heile Glaubenswelt ins Wanken.

Was tun wir Pastoren also? Wir halten unsere Zweifel geheim. Wir tun so, als ob wir alle theologischen Wahrheiten genau verstanden hätten. Ob solcherlei verkündete „Wahrheiten" aber tatsächlich befreien und weiterhelfen, wage ich allerdings zu bezweifeln.

Zum Nachdenken

Kann es sein, dass Zweifel und Ehrlichkeit einem Leben mit Gott dienlicher sind, als einfach das für wahr zu halten, was wir glauben sollten?

27. Die Debatte

Um der brutalen Verfolgung durch ein paar Verwirrte zu entfliehen, fand eine jüdische Gemeinde Zuflucht im Vatikan. Die katholische Gemeinde war ein guter Gastgeber, aber Wochen vergingen, und die Juden schienen nicht wieder wegziehen zu wollen. Irgendwann wurden die Priester ungeduldig und beschwerten sich beim Papst, dass er die Gäste doch endlich bitten solle, wieder zu gehen. Lange wurde diskutiert, bis der Papst folgende Lösung vorschlug: „Wir werden eine Debatte abhalten. Sollte ich gewinnen, müssen unsere jüdischen Gäste gehen, gewinnt aber ihr Rabbi, dann dürfen sie so lange bleiben, wie sie es für richtig halten."

Gesagt, getan. Die beiden Gottesmänner trafen sich in der bombastischen Kathedrale, um zu diskutieren; allerdings entschied man sich wegen der Sprachunterschiede für die traditionelle Form der Zeichensprache.

Der Papst begann und hielt drei Finger in die Luft. Als ob er geahnt hätte, was kommt, reagierte der Rabbi sofort und reckte seinen Zeigefinger nach oben! Der Papst atmete tief durch, erhob seine rechte Hand und malte damit einen Kreis in die Luft.

Wieder schien der Rabbi dies erwartet zu haben und zeigte entschlossen mit dem Zeigefinger auf den Boden. Danach ging der Papst zum Abendmahlstisch und holte den goldenen Kelch mit den Diamanten, füllte ihn mit Wein und brach etwas Brot. Der Rabbi schaute kurz zu, griff in seine Jackentasche und holte eine zerknitterte braune Papiertüte hervor, aus der er einen roten Apfel holte. Damit war die Debatte zu Ende, und beide gingen zurück zu ihren Gemeinden.

„Was ist passiert?", wollten die Priester sofort wissen. „Ich kann es nicht glauben", sagte der Papst, „ich hab die Debatte verloren. Zunächst habe ich drei Finger hochgehalten, um meinen Bruder an die Dreieinigkeit Gottes zu erinnern. Ja, hat er geantwortet, und einen Finger hochgehalten, um mich daran zu erinnern, dass wir aber auch nur einen Gott haben, dem wir dienen.

Dann habe ich einen Kreis in den Himmel gemalt, um zu sagen, dass Gott überall ist, hoch über uns schwebt und allmächtig ist. Der Rabbi hat sofort auf den Boden gezeigt, um zu erklären, dass Gott in unserer Mitte ist, in der Erde, bei den Armen und Unterdrückten!

Und dann habe ich das Abendmahl zelebrieren wollen, um an Jesus, den zweiten Adam zu erinnern, der auf die Erde gekommen ist zur Erlösung aller Menschen. Und sofort hat unser Freund einen roten Apfel hervorgeholt, um uns an den ersten Adam in uns zu erinnern. Unser Versagen vor Gott! Er hat gut debattiert und wir sollten ihnen erlauben, weiter unter uns zu leben."

Zur gleichen Zeit kam auch der Rabbi zurück zu seiner Gemeinde. „Wie ist es dir ergangen?", wollten seine Leute wissen. „Ich kann nicht glauben, wie unmöglich sich der Papst benommen hat! Zuerst hat er drei Finger hochgehalten, um zu sagen: ‚Ihr habt drei Tage, dann müsst ihr hier weg sein.' Ich habe sofort geantwortet: ‚Nicht einer von uns wird gehen!' Dann hat er eine majestätische Geste gemacht, dass er uns alle einfangen und zusammenbringen wird."

„Und wie hast du geantwortet?"

„Ich habe auf den Boden gezeigt: Nicht einer von uns wird diese Stadt verlassen! Wir bleiben, wo wir sind! Und dann kam das Unglaublichste: Der Papst hat gar nicht reagiert, sondern sein Mittagessen rausgeholt und angefangen, zu essen!"

KOMMENTAR

Ich mag diese Geschichte, weil sie uns an zwei sehr wichtige Aspekte des Glaubens erinnert. Der Papst beschreibt die Glaubensgrundsätze, die Theologie, das symbolhafte des

Glaubens, das uns an tiefe Wahrheiten über Gott erinnern soll. Der Rabbi beschreibt das Menschliche, Irdische, den Gott mitten unter uns.

Das Geheimnis, scheint mir, ist es, die beiden Aspekte zusammenzubringen. Theologie, Liturgie, wunderbare Symbole wie das Abendmahl oder die Taufe, machen eigentlich nur dann Sinn, wenn sie unserem täglichen Leben dienen. Wenn sie dazu führen, dass wir unsere Mitmenschen ganz praktisch anders behandeln. Wenn unser Glaube nur zu Glaubensgrundsätzen verkommt, die man mental abhaken kann, um in den Himmel zu kommen, dann wird er ziemlich staubig.

Mit anderen Worten: Theologie ist dafür da, dass wir etwas tun, nicht einfach nur, dass wir Gott besser verstehen und uns für unser Wissen sogar noch auf die Schulter klopfen können.

Zum Nachdenken

Kannst du dich an Erlebnisse erinnern, wo das, was du geglaubt hast, tatsächlich dein Handeln beeinflusst hat? Würdest du sagen, dass dein Glaube, was immer das ist, dir hilft, ein „besserer Mensch" zu sein?

28. Die Katze

Immer wenn der alte Mönch in die Kirche zum Beten ging, verfolgte ihn eine schwarze Katze, die durch ihr lautes Miauen seine Meditation störte. Irgendwann, als er es einfach nicht mehr ertragen konnte, entschied sich der Gottesmann, die Katze während seiner Gebetszeiten draußen an den Baum zu binden.

Als der Mönch verstarb, der so viele junge Brüder das Beten gelehrt hatte, war es nicht verwunderlich, dass auch viele von ihnen weiterhin seinem Vorbild folgten und die Katze für ihre Meditationszeiten an besagten Baum banden.

Ein paar Jahre später starb auch die schwarze Katze, und nach einer kurzen Beratung entschloss man sich, eine neue zu kaufen – einfach nur, um ein Tier zu haben, das man während des Gebets an den Baum binden konnte. Und seit diesem Tag haben Generationen von Mönchen in dem Kloster Generationen von schwarzen Katzen an den alten Baum vor der Kirche gebunden.

Richtig dramatisch wurde es aber erst Jahrhunderte später, als ein Unwetter den alten Baum vor der Kirche wegfegte. Jetzt musste ein neuer gepflanzt werden, weil man sonst keinen Ort mehr gehabt hätte, an dem man die Katze festhalten könnte.

Und gleich noch eine ähnliche Geschichte ...

29. Der perfekte Truthahn

Ihre Mutter bereitete zu Weihnachten den besten und saftigsten Truthahn zu, den man sich vorstellen konnte. Ein altes Familienrezept! Als die beiden Töchter, die mittlerweile selbst Familien hatten, wissen wollten, was denn nun das Geheimnis sei, erklärte ihnen ihre Mutter die genaue Gewürzmischung, die Garzeiten usw. und sagte noch zu ihnen: „Und ganz wichtig: Immer die Enden des Vogels abschneiden! Sonst schmeckt er nicht!"

Die neugierigere Tochter fragte ihre Mutter verwundert: „Wie soll denn das Abschneiden der Truthahnenden den Geschmack verbessern? Das verstehe ich nicht!"

„Keine Ahnung, aber das ist ganz wichtig." Weil das die Tochter nicht wirklich überzeugte, wurde die Uroma gefragt, auf die das Rezept zurückging. „Ach", sagte die alte Dame.

„Mit dem Geschmack hat das nichts zu tun. Wir hatten damals keinen Topf, der groß genug war. Also mussten wir den Vogel immer zurechtschneiden!"

KOMMENTAR

Eine Woche vor Weihnachten war es wieder mal so weit. Wie immer kam die Ansage, dass wir bitte nach dem Gottesdienst die Bühne für das Theaterstück von der Empore holen sollten, das an Heiligabend aufgeführt werden sollte. Dabei war eigentlich allen klar, dass es dieses Jahr gar kein aufwendiges Krippenspiel geben würde und wir die Bühne deswegen auch gar nicht brauchten.

Alte Gewohnheiten, die irgendwann einmal wichtig und notwendig waren, können später sinnlos werden und nur noch unnötige Arbeit machen. Aber solche Traditionen sind häufig wie goldene Kühe, die sich keiner zu schlachten traut. Kein Wunder, dass unser Glaube manchmal trocken, weltfremd und mehr wie eine Bürde rüberkommt.

Zum Nachdenken

Vielleicht wäre es gar keine schlechte Idee, sich ab und zu mit ein paar Freunden zusammenzusetzen und zu diskutieren, welche unserer Gewohnheiten noch hilfreich sind und welche nur noch eine unnötige Last darstellen. Und dann könnte man darüber reden, warum es vielen von uns trotzdem nicht leicht fallen würde, diese Altlasten loszulassen, selbst wenn sie schon lange nur noch Mühe machen!

30. Der Trinker (1)

(Nach einer alten irischen Geschichte)

In einem kleinen irischen Dorf lebte einmal ein alter Mann namens Shane. Shane war ein Alkoholiker, der jeden Abend in seiner Stammkneipe verbrachte, wo er hoffte, dass ihm jemand einen Drink ausgeben würde. Eines Abends kam einem der Touristen die Idee, sich auf seine Kosten einen kleinen Spaß zu erlauben.

Der Tourist rief ein paar seiner Kumpels zusammen, um für seine kleine Comedy-Show ein Publikum zu haben. Als alle versammelt waren, winkte er Shane zu sich herüber. Dabei hielt er einen alten, zerknitterten Fünf-Pfund-Schein in der einen und eine funkelnde 50-Pence-Münze in der anderen Hand.

„Shane, ich hab ein Angebot für dich! Ich gebe dir entweder diese schöne, glänzende Münze oder diesen alten zerknitterten Schein! Wofür entscheidest du dich?"

Der alte Trinker betrachtete zuerst den Schein, der schon alt und abgegriffen wirkte. Anschließend nahm er das funkelnde Geldstück, biss einmal darauf, um zu prüfen, ob es echt war, und hatte seine Entscheidung getroffen. „Sir, dieses Geldstück ist wirklich sehr schön. Darf ich das bitte haben?" Diese Entscheidung löste natürlich lautes Gelächter bei den Touristen aus, die sich darüber amüsierten, wie ungebildet dieser alte Alkoholiker war.

Die Szene wiederholte sich nun jeden Abend, weil immer mehr Touristen sich auf Shanes Kosten einen Spaß erlauben wollten. Eine junge Irin konnte das Spektakel eines Abends nicht mehr mit ansehen. „Shane, du weißt doch, dass eine Fünf-Pfund-Note wesentlich mehr wert ist als die Münze. Wieso lässt du das jeden Abend mit dir machen?"

„Klar weiß ich das!", entgegnete Shane. „Aber sobald ich den Schein nehme, hören die blöden Touristen mit ihrem Spiel auf. Und dabei ist das doch so einträglich!"

KOMMENTAR

Vieles von dem, was zunächst unglaublich weise wirkt, wird sich später als unglaublich dumm entpuppen. Und Vorsicht: Vieles, worüber du jetzt nur lachst, könnte sich irgendwann als unglaublich weise herausstellen!

Zum Nachdenken
Über was oder wen lachst du?
Was hältst du für unglaublich weise?

31. Die Schlammschlacht

Es gibt eine uralte Geschichte über Jesus, die ich sehr schön finde, auch wenn sie es komischerweise nicht ins Neue Testament geschafft hat. Eines Morgens gehen er und seine Jünger in den See, um sich zu waschen. Petrus ist gerade dabei, seine Füße zu schrubben, als er einen großen Matschklumpen entdeckt, und sofort kommt ihm eine fantastische Idee. „Der liebliche Johannes, der immer so nett grinst, steht gerade in Reichweite. Mal sehen, ob der mit einer Hand voll Schlamm im Mund immer noch so selig gucken kann!"

Gesagt, getan! Petrus holt aus, zielt, und der Matschball segelt genau auf das liebliche Gesicht des lieben Johannes zu ...

... doch gerade in diesem Moment bückt sich der Jünger, den Jesus lieb hatte, um sich weiter unten zu waschen, und nur Sekundenbruchteile später hat der Sohn Gottes Matsch im Ohr.

Petrus erstarrt vor Schreck. „Was habe ich nur getan? Ich habe den Messias, den Retter der Welt, mit Dreck beschmissen! Was, wenn es wirklich eine Hölle – oder zumindest ein Fegefeuer – gibt? Ich bin verloren!"

Während alle Jünger erschreckt von Petrus zu Jesus schauen, grinst der Herr der Welt ganz verschmitzt, und „platsch!", schon hat der gute Petrus einen Schlammball genau zwischen die Augen bekommen. Und auf einmal findet im See Genezareth eine fantastische Schlammschlacht statt, und Jesus ist mittendrin. Du kannst sein Lachen über den ganzen See hören.

KOMMENTAR

Die Frage für mich ist nicht, ob die Geschichte tatsächlich so passiert ist. Ich finde es viel spannender, ob du dir vorstellen kannst, dass sie so oder ähnlich passiert sein könnte. Neulich habe ich diese Frage in einem Gottesdienst gestellt, in dem ich zum Predigen eingeladen war ... und wie aus der Pistole geschossen kam ein ärgerliches „NEIN! So ist mein Gott nicht!"

Wieso eigentlich nicht? Wäre doch schön! Versuche mal, darauf zu achten, wie Christen in den Medien dargestellt werden. Ned Flanders und Rev. Lovejoy bei den Simpsons, oder der spießige Typ, der mit Mr. Bean nicht das Gesangbuch teilen möchte, als der mal wieder in die Kirche geht.

Zum Nachdenken

Was glaubst du? Machen Christen irgendetwas falsch, dass Menschen so ein schiefes Bild von uns haben? Oder ist Gott wirklich so weltfremd, rechthaberisch, belanglos und doof-lieb, wie er immer dargestellt wird? Was tue ich, dass so viele so von ihm denken?

Drei Gleichnisse über Ehrlichkeit

Letzte Woche musste ich längere Zeit auf einem Bahnhof warten, und dabei habe ich in einer Buchhandlung einen interessanten Buchtitel entdeckt: „Warum ist es uns eigentlich so wichtig, was Leute über uns denken?"

Man könnte das Statement loslassen, dass es uns viel wichtiger ist, dass andere denken, wir seien gute Menschen, als dass wir tatsächlich auch so handeln. Dazu drei kurze Gleichnisse.

32. Als Gott Golf spielte

Es war einmal ein Pastor, der seiner Gemeinde und seiner Frau jeden Sonntag erzählte, dass er nach dem Gottesdienst in verschiedenen Krankenhäusern Menschen besuchen würde. Statt dessen ging er aber heimlich Golf spielen. Eines Tages hatte sein Schutzengel genug und ging bei Gott petzen. Der wusste sofort, was zu tun war. „Ich hab schon eine Idee für eine gerechte Strafe", beruhigte er den Engel.

Als der Pastor am Sonntagnachmittag wieder mal Golfspielen ging, war Gott schon dort, um beim Spiel etwas nachzuhelfen. Jeder Abschlag saß perfekt, jeder Ball traf sofort das Grün, jeder Putt ging direkt ins Loch. Auch der Engel war dabei und wartete gespannt. Am 18. Loch konnte er kaum noch abwarten, wann denn jetzt endlich etwas geschehen würde. Wieder traf der Pastor mit dem Abschlag sofort das Grün, und jetzt war er nur noch einen Putt vom perfekten Spiel entfernt! Und tatsächlich: Auch der saß! „Aber wo bleibt denn jetzt die Strafe?", entrüstete sich der Engel. „Oh, das perfekte Spiel war die Strafe", sprach der Herr, „denn wem will er denn davon erzählen?!"

33. Der Trinker (2)

„Bitte kommen Sie schnell. Es ist schon wieder passiert! Ich kann nicht mehr!", stöhnte die Ehefrau in den Telefonhörer. Regelmäßig brachte ihr Mann sie zur Verzweiflung, indem er betrunken nach Hause kam und dort Randale machte. So auch an diesem Abend. Wieder war er so richtig abgefüllt gewesen, als er das Haus betrat, und hatte ihr den Flur und die Küche vollgekotzt. Jetzt war sie am Ende und wusste keinen anderen Rat mehr, als ihren Pastor anzurufen und zu fragen, ob er irgendwie helfen könnte.

Der Pastor kam sofort, half dem Betrunkenen hoch ins Schlafzimmer und, weil man das als Geistlicher so macht, fing er an, für den Mann zu beten. „Lieber Gott, du siehst wie viel Ärger und Sorge dieser kotzende Saufkopf hier anrichtet!" Auf einmal richtete sich der Mann im Bett auf und unterbrach ihn: „Bitte, erzählen Sie Gott nicht, dass ich getrunken habe, sagen Sie einfach, ich sei krank!"

34. Gestrandet

Ein junger Mann erleidet Schiffbruch und wird an eine einsame Insel gespült – mit wenig Hoffnung auf eine baldige Rettung! Doch es gibt auch eine gute Nachricht! Die einzige andere Person, die sich auch retten konnte, ist die schönste Frau der Welt! Die Frau, deren Filme er immer so gerne mit seinen Kumpels gesehen hatte!

Natürlich beginnt er schon nach kurzer Zeit, ihr den Hof zu machen: „Komm schon, lass uns zusammen eine Nacht verbringen! Wir werden hier noch ewig zusammen sein! Außerdem bin ich immerhin der schönste und klügste Mann dieser Insel!"

Nachdem sie ihn monatelang immer wieder entrüstet hatte auflaufen lassen, gibt die junge Frau eines Tages nach. „Okay, ich bin ja auch einsam, aber wirklich nur eine Nacht!" Dieses Angebot lässt er sich nicht entgehen. Die beiden verbringen einen sehr romantischen Abend, und als er am nächsten Morgen neben dieser Traumfrau aufwacht, da kann er es kaum glauben.

Trotzdem fehlt ihm noch etwas zu seinem Glück! Und so hat er noch eine interessante Bitte, als sie aufwacht. „Ich habe hier einen Filzstift. Wäre es okay, wenn du dir damit einen Schnurrbart malst? Und hier, mein Hemd und meine Baseballmütze, würdest du die überziehen und mich in einer halben Stunde am Strand treffen?" Ihr schönes Gesicht zeigt Unverständnis. „Was soll denn das jetzt schon wieder?" Aber egal. Eine halbe Stunde später erscheint sie als Mann verkleidet am Strand, und da kommt er auch schon angelaufen: „Mensch Peter, du wirst nicht glauben, mit wem ich letzte Nacht im Bett war!"

KOMMENTAR

Die Moral dieser drei Geschichten ist leicht zu erklären. Es reicht uns nicht, etwas Gutes zu tun oder etwas Besonderes zu erleben. Es zählt nur dann, wenn es jemand sieht. Eigentlich wollen wir gar nicht gut sein, sondern nur, dass andere denken, wir wären es. Deswegen gucken meine Kinder beim Sport sofort zu mir herüber, wenn sie gerade eine gute Aktion hatten, weil sie wissen wollen, ob ich es auch gesehen habe!

Zum Nachdenken

Wäre es wirklich so fürchterlich, wenn die Menschen um dich herum die Wahrheit über dich wüssten? Wovor hättest du am meisten Angst?

35. Die Übersetzung der Guten Nachricht

(Adaptiert von einem alten buddhistischen Gleichnis)

Ich will eine Geschichte über ein junges Mädchen erzählen, das vor ein paar hundert Jahren in einem kleinen Dorf an der walisischen Küste aufwuchs. Susanna war sehr klug und gebildet, was zu dieser Zeit nicht gerade selbstverständlich war, und dazu war sie einer dieser Menschen mit einem richtig guten Herzen! Eines Tages hatte sie einen sehr realen Traum, in dem Gott ihr sagte, dass ihr Lebenswerk darin bestehen würde, die Bibel in eine Sprache zu übersetzen, die ihre Mitmenschen verstehen könnten. Damals gab es das Wort Gottes nur in Latein und war dem normalen Volk nicht zugänglich.

Ihr war klar, dass dies ein fast hoffnungsloses Unterfangen sein würde. Susanna kam aus einer sehr armen Gegend, und es würde viele Jahre dauern, eine lateinische Bibel zu kaufen, Mitübersetzer zu finden und dann auch noch das Geld für den Druck zu verdienen. Trotzdem war sie von nun an ganz erfüllt von diesem Gedanken. Sie zog in die nächste Stadt, nahm jede Arbeit an, die sie finden konnte, und obwohl sie sehr arm war, sparte sie jeden Penny. Trotz ihrer Bemühungen dauerte es Jahre, bis sie genug Geld zusammen hatte. Das hing auch damit zusammen, dass kaum einer ihrer Freunde verstand, warum sie sich das antat, und ihr nur wenige etwas für eine so abgedrehte Vision geben wollten!

Kurz nach ihrem vierzigsten Geburtstag war es dann soweit. Susanna hatte genug Geld zusammen, um mit der Übersetzung und dem Druck zu beginnen. Doch in der Nacht, bevor es endlich losgehen sollte, kam ein großer Sturm auf, und eine Flutwelle zerstörte ihr Heimatdorf. Überall Tote und Verletzte, überall Hungersnot und Zerstörung. Susanna wusste genau, was zu tun war: Schweren Herzens investierte sie ihr Geld in den Wiederaufbau des Dorfes und versuchte, das Leid der Menschen zu lindern!

Nach dem Wiederaufbau schien ihre Vision natürlich komplett unerreichbar. Doch etwas hatte sich geändert: Obwohl die Menschen ihres Dorfes selber so arm waren, gaben sie ihr, was sie konnten. Susanna selber arbeitete weiterhin hart, und viele Jahre später, inzwischen war sie weit über 50, schien es, als solle ihr Traum doch noch wahr werden. Doch wieder zerstörte eine Tragödie alles. Eine Pest raffte viele Menschen in ihrer Gegend dahin, und auch dieses Mal half Susanna, indem sie das gesparte Geld weggab, um dadurch all den Armen und Kranken zu helfen!

Fortan verbrachte sie den Großteil ihres Lebens damit, den Bedürftigen ihrer Gegend zu dienen. Doch ihr Traum einer Bibelübersetzung starb dabei nie. Und als sehr alte Frau konnte sie es dann tatsächlich noch erleben: Die Übersetzung der Bibel in eine verständliche Sprache wurde abgeschlossen und tatsächlich noch zu ihren Lebzeiten gedruckt. Auf dem Sterbebett hielt sie eine Ausgabe ihres Traums in den Händen.

Nach ihrem Tod, wenn die Menschen, die sie gekannt hatten, über das Leben der Susanna redeten, sprachen sie davon, dass sie die Bibel gleich dreimal in eine verständliche Sprache übersetzt hatte. Und sie sagten, dass in den ersten beiden Übersetzungen das Wort Gottes noch viel schöner und verständlicher gewesen sei als in der dritten.

KOMMENTAR

Vor ein paar Jahren wollten wir zum Ende unserer Freizeit in Calvi mit unserer Gruppe Abendmahl in einer etwas abgelegenen Kathedrale feiern. Leider wurden wir kurz vorher entdeckt, und uns wurde gesagt, dies wäre eine Kirche, in der absolute Ruhe gewünscht sei. Also mussten wir kurz entschlossen umdisponieren und in eine Kathedrale umziehen, die voller Touristen war.

Auch wenn die Menschen um uns herum uns kaum verstanden, war es ein echtes Erlebnis, in aller Öffentlichkeit das Abendmahl zu zelebrieren. Ich saß mit meiner Gitarre vor einer anscheinend wichtigen Statue und bin beim Singen ständig von Kameras umringt gewesen, was mir sonst eher selten passiert.

Mir sind während der ganzen Aktion ein paar Dinge hängen geblieben. Zunächst meine Beklemmung, meinen Glauben öffentlich zu machen. Ich wollte nicht stören! Ich habe mich sogar in einer Kirche mit meiner Glaubensauslebung irgendwie im Weg gefühlt!

Dann war da diese göttliche Gänsehautstimmung, die man kaum beschreiben kann. Als wir „Amazing Grace" sangen und Brot und Wein teilten, war auf einmal auch bei den Touristen das Bewusstsein eines göttlichen Moments spürbar. Menschen setzten sich dazu, summten mit und wollten irgendwie teilhaben.

Genau das ist die Idee in der Geschichte von der Übersetzung der Guten Nachricht. Gott ist dort am besten zu spüren, wo wir aufhören, unseren Glauben in Gebäuden oder hinter Programmen zu verstecken, dort, wo wir anfangen, den Menschen um uns herum zu dienen.

Zum Nachdenken

Wo habt ihr das schon mal erlebt?

Stimmt es, dass Menschen, die Gott erleben, ohne vielleicht zu wissen, wem sie da begegnet sind, ihn später leichter erkennen, wenn sie mit ihm konfrontiert werden?

Schönheit und Kreativität

Staunende Kinder – Staunender Gott

„Millionen von Menschen sehnen sich nach Unsterblichkeit, aber haben keine Ahnung, wie sie einen verregneten Sonntagnachmittag gestalten könnten."
(Susan Ertz)

Obwohl es noch früh war und ich als Morgenmuffel vor neun Uhr eigentlich nicht aufnahmefähig bin, hatte ich neulich morgen ein wunderschönes Erlebnis. Ich war für die Fahrt zur Schule von meinen beiden Kleinen, Kasey und Lukas, zuständig. An diesem Oktobermorgen war es zum ersten Mal so richtig kalt; die Luft hatte angefangen, nach Winter zu riechen, und es war sehr neblig. Meine Kinder fanden das total schön: „Guck mal, Papa, es qualmt draußen!", oder „Boah, schau dir das mal an, ich rauche, ohne dass es stinkt!", „Wow, guck mal, drei Häschen!"

In einem Lied, das ich sehr mag, heißt es:
   Staunen ist wertvoller als Wall Street!
   Staunen ist wertvoller als Gold!
   („Love can change the world", Aaron Niequist)

Ganz tief drinnen wissen wir, dass an dem Satz etwas dran ist.
   Als Gott mitten im Schöpfungsprozess dieser Erde war, sagt er folgendes zu dem Ergebnis:
   „Und Gott nannte das Land Erde, die Sammlung des Wassers nannte er Meer. Und Gott sah das alles an: Es war gut."
(1. Mose 1,10)
   „Die Erde brachte frisches Grün hervor, Pflanzen jeder Art mit ihren Samen und alle Arten von Bäumen mit samenhaltigen Früchten. Und Gott sah das alles an: Es war gut." (1. Mose 1,12)

„Gott setzte sie an das Himmelsgewölbe, damit sie der Erde Licht geben, den Tag und die Nacht regieren und Licht und Dunkelheit voneinander scheiden. Und Gott sah das alles an: Es war gut." (1. Mose 1,17-18)

„Gott machte die wilden Tiere und das Vieh und alles, was auf dem Boden kriecht, alle die verschiedenen Arten. Und Gott sah das alles an: Es war gut." (1. Mose 1,25)

Wir sind eingeladen, in unserem Alltag Schönheit zu entdecken, uns daran wie kleine Kinder zu freuen und sogar mitzukreieren! Darum geht es in den nächsten Gleichnissen!

DIE GLEICHNISSE

36. Der enthusiastische Vorarbeiter

„Was mache ich nur mit dir? Enthusiastisch bist du ja! Aber leider nicht gerade produktiv!", lautete das Urteil. Der neue Vorarbeiter hatte unglaublich hart gearbeitet und durch seine fröhliche Art das ganze Team mitgerissen. Sie hatten mehr Saat gesät, als all die anderen Teams der Vorjahre. Leider hatten sie dabei wenig auf Effektivität geachtet und vieles auf schlechtem Grund verteilt.

Steiniger Boden lässt nur wenig Wurzelwachstum zu!

Dorniger Boden hält das Gemüse davon ab, sich voll zu entfalten!

Vieles war natürlich auch auf guten Boden gefallen, und der Ertrag würde hier fantastisch sein. Spaß hatte es auch allen gemacht! Aber trotzdem war der Besitzer am Ende nicht ganz sicher, wie er die Arbeit beurteilen sollte!

(Die Original-Version von Jesus findest du in Matthäus 13, 1-23.)

KOMMENTAR

Gerade komme ich von einer Ferienwoche im Christ Camp zurück. In einer Besprechung haben wir den „Special Day", den letzten Tag des Lagers, Revue passieren lassen. Für ein 15-minütiges Spiel hatte das Team von Campbetreuern sich die ganze Nacht um die Ohren geschlagen. Und das nur, um Hüte zu bauen, „ohne die man beim berühmten Pferderennen von Ascot nun mal nicht teilnehmen darf!", so die Ansage eines Betreuers. „Total cool, total schön und – total ineffektiv!", war mein spontaner Kommentar.

Genau wie in der Geschichte vom Sämann. Liebe tut einfach, ohne groß darüber nachzudenken, ob sich die Anstrengung auch rechnet. Jesus macht sich keine Gedanken darüber, ob durch die Investition seiner Liebe und Fürsorge in unser Leben am Ende auch genug rausspringt. „Liebe ist nicht berechnend!", hat Paulus das mal in seinem berühmten Gedicht über wahre Liebe (1. Korinther 13) ausgedrückt. Und so sind wir eingeladen, in Gottes neuer Welt verschwenderisch von dem zu geben, was wir haben. Und selbst, wenn das, was wir für andere tun, nicht immer so ankommt wie gedacht, sind am Ende dann doch alle reicher als vorher!

Zum Nachdenken

Kannst du dich an eine Begebenheit erinnern, wo du etwas für andere getan hast, das eigentlich total ineffektiv war? Aber das trotzdem so viel Spaß gemacht hat, dass es dir mehr Energie zurückgegeben hat als du reingesteckt hast? Kannst du formulieren, woran das lag?

37. Der Geiger

(Zur Abwechslung mal ein Gleichnis, das wirklich passiert ist.)

Tatort: Washington D.C., U-Bahn-Station, an einem kalten Morgen im Januar 2007. Der Mann mit der Geige spielt ungefähr 45 Minuten lang Stücke von Bach. Während dieser Zeit gehen etwa 2000 Menschen durch die Station, die meisten von ihnen auf dem Weg zur Arbeit. Nach drei Minuten bemerkt ein etwa 50-jähriger Mann den Musiker. Er verlangsamt sein Tempo, hört ein paar Sekunden lang zu, eilt dann aber weiter, weil er offensichtlich einen wichtigen Termin hat. Nach vier Minuten erhält der Geiger seinen ersten Dollar: Eine Frau wirft ihn im Vorbeigehen in seinen Hut, ohne dabei ihr Tempo zu drosseln. Nach sechs Minuten lehnt sich ein junger Mann gegen eine Wand, um ihm zuzuhören, schaut dann aber schnell auf seine Uhr und geht ebenfalls weiter.

Nach zehn Minuten hält ein dreijähriger Junge an, um zuzuhören, aber seine Mutter zieht ihn eilig weg, weil sie keine Zeit hat. Das Kind stoppt noch einmal, um dem Geiger noch länger zuzuhören, aber die Mutter zieht härter, und das Kind läuft mit, obwohl sein Gesicht immer noch auf den Musiker gerichtet ist! Diese Szene wiederholt sich bei einigen Kindern, aber alle Eltern, ohne Ausnahme, zwingen sie, eilig weiterzulaufen!

Der Musiker spielt 45 Minuten lang, ohne Pause. Nur sechs Menschen halten an, um für kurze Zeit zuzuhören. Ungefähr 20 Leute geben etwas Geld, aber auch sie gehen im normalen Schritttempo weiter. Der Mann sammelt insgesamt 32 Dollar.

Dann hört er auf zu spielen. Keiner applaudiert, keiner nimmt den Künstler wahr. Keiner wusste, dass der Geiger Joshua Bell war, einer der größten Musiker der Welt. Er spielte eines der kompliziertesten Stücke, das jemals komponiert worden ist. Auf einer Geige, die 3,5 Millionen Dollar wert ist. Nur zwei Tage vorher hatte Joshua Bell in einem ausverkauften Theater in Boston gespielt, wo die Besucher im Schnitt 100 Dollar Eintritt bezahlt hatten.

KOMMENTAR

Auch Gott, das kreativste Wesen überhaupt, ist überall und für jeden kostenlos am Spielen! Es gibt so vieles zu bestaunen. In der Bibel finden wir eine Stelle, wo ein Poet sagt, dass Gott sich jede Nacht eine neue Überraschung für dich ausdenkt, die es heute zu entdecken gilt. Vielleicht wären wir dankbarer, positiver, fröhlicher, wenn wir ab und zu anhalten und nach diesem schenkenden, spielenden Gott Ausschau halten würden!

Zum Nachdenken

Hast du Gottes Geschenke schon mal verpasst? Warum? Was musst du ändern, um es heute zu entdecken?

38. Sand

(Ein jüdisches Gleichnis)

Jüdische Rabbis erzählen seit Jahrhunderten folgende Geschichte: Kurz nachdem Gott das Rote Meer geteilt hatte, um die Israeliten vor der anstürmenden ägyptischen Armee zu retten, laufen die 600 000 ehemaligen Sklaven, nach 430 Jahren Ägypten, endlich in Richtung Freiheit. Irgendwo inmitten der Menschenmasse unterhalten sich zwei Männer:

„Warum ist der Boden so matschig?", fragt der eine.

„Voll eklig", sagt sein Nachbar, „ich krieg ständig Sand zwischen meine Zehen!"

„Genau, das ist voll die Zumutung, hier laufen zu müssen! Meine Sandalen rutschen mir ständig von den Füßen!"

Und weil sie so sehr mit ihrem Gemotze beschäftigt sind, und weil sie ständig auf ihre schmutzigen Füße achten, bemerken sie gar nicht, dass direkt neben ihnen eine unsichtbare Hand das Wasser zurückhält und ihnen gerade das Leben rettet.

KOMMENTAR

„Tut das alles ohne Murren und langes Hin- und Herreden! Ihr sollt ja rein und fehlerlos sein und euch als Gottes vollkommene Kinder erweisen mitten unter verirrten und verdorbenen Menschen; ihr sollt leuchten unter ihnen wie die Sterne am nächtlichen Himmel." (Philipper 2,14-15)

Was Paulus hier sagt, ist Folgendes: „Passt auf, dass eure neue Freiheit, in die Jesus euch geführt hat, nicht genauso in Nörgelei endet wie damals beim Volk in der Wüste! Eine falsche Einstellung hatte sich eingeschlichen unter den Israeliten, die ihnen ihre neu erworbene Freiheit genommen hat, die Gott für sie bereitet hatte. Lasst nicht zu, dass euch das auch passiert!"

Die beiden Wanderer durch das Rote Meer hatten nur einen Tag nach der Befreiung vergessen, wie sich die Peitschen der Ägypter auf dem Rücken angefühlt haben.

Zum Nachdenken

Warum haben wir häufig die Tendenz, die „gute alte Zeit" wesentlich rosiger zu sehen, als sie tatsächlich war? Was hält dich davon ab, das volle Potenzial dieses Moments auszukosten, die wunderbare Schönheit der Gegenwart zu erleben?

39. Die Kathedrale

Einst ging ein junger Geistlicher inkognito auf eine Baustelle, auf der eine neue Kirche entstehen sollte. Die Arbeit war hart und ihm fiel auf, dass viele der Arbeiter keine Lust hatten und immer missmutiger wurden. Wenn er sie fragte, was denn ihre Aufgabe sei, kamen Antworten wie: „Ich muss ständig aufräumen!", „Ich bin für das Schleppen der Steine zuständig!", oder „Ich muss hier in der Hitze den Zement anmischen!"

Als er selber immer frustrierter wurde, fiel ihm auf einmal ein junger Mann auf, der fröhlich pfeifend eine schwere Schubkarre mit Bauschutt durch die Gegend manövrierte.

„Wofür bist du denn hier zuständig? Und warum bist du so fröhlich?"

„Ich baue eine wunderschöne Kathedrale zur Ehre Gottes. Wie kann man sich nicht freuen, dass man da mitmachen darf?!"

KOMMENTAR

Spätestens alle zwanzig Tage, sagen Experten, sollte man sich und sein Team daran erinnern, warum wir eigentlich das tun, was wir gerade tun. Jesus macht das auch, wenn er in seinen Gleichnissen von einer wunderschönen anderen Welt spricht, die er mit uns bauen möchte, in der jedes nette Wort, jede Freundlichkeit, jede gute Tat dazu beiträgt, dass sie ein bisschen schöner, ein bisschen kreativer und ein bisschen bunter wird.

Zum Nachdenken

Was baust du gerade?

40. Arm und Reich

Um seinem kleinen Sohn von früh auf beizubringen, dass Reichtum nicht selbstverständlich ist, und dass man nur mit harter Arbeit im Leben vorwärtskommt, organisierte ein wohlhabender Mann für ihn ein Wochenende bei einem seiner Farmarbeiter. Zwei Tage lang sollte sein Sprössling mit der Familie leben, um sie besser verstehen und den eigenen Reichtum angemessen wertschätzen zu können.

„Jetzt erzähl mir doch bitte von deinen Erfahrungen!", sagte der Vater anschließend, während er das Gepäck für die Rückreise im Kofferraum verstaute.

„Es war toll! Die Familie war sehr nett zu mir und hat mir alles gezeigt, was sie hat. Zuerst ist mir aufgefallen, dass wir nur einen Hund haben. Die Familie hat vier. Wir besitzen einen Pool, der von unserer Veranda bis zum Zaun reicht. Die Familie wohnt an einem Fluss, der kein Ende nimmt. Wir haben schöne, kunstvoll gefertigte Lampen im ganzen Haus. Die Familie hat unzählige Sterne. Unsere Terrasse reicht bis zu den Büschen im Garten. Diese Leute haben den ganzen Horizont." Als der Sohn ausgeredet hatte, war sein Vater sprachlos. „Danke Papa", fügte der kleine Kerl dann noch hinzu, „dass du mir gezeigt hast, wie arm wir doch sind!"

KOMMENTAR

„Schönheit liegt im Auge des Betrachters", sagt der Volksmund. Reichtum in einem gewissen Maße auch. Wenn wir uns selber einreden, wir wären noch zu arm bzw. uns fehlte noch etwas zum Glücklichsein, dann ist es sehr schwer, all die Schönheit zu sehen, die um uns herum passiert und uns schon längst geschenkt wurde.

In einem sehr alten biblischen Lied wird es so ausgedrückt: „Diesen Tag hat der Herr zum Festtag gemacht. Heute wollen wir uns freuen und jubeln!" (Psalm 118,24). Heißt: Wenn du möchtest, kannst du gerne darauf verzichten, dich an dem zu freuen, was dir Gott alles geschenkt hat! Oder du kannst dich entscheiden, heute mit dem Genießen und Staunen anzufangen!

Jesus selber hat das Ganze in der Bergpredigt so ausgedrückt: „Und warum macht ihr euch Sorgen um das, was ihr anziehen sollt? Seht, wie die Blumen auf den Feldern wachsen! Sie arbeiten nicht und machen sich keine Kleider, doch ich sage euch: Nicht einmal Salomo bei all seinem Reichtum war so prächtig gekleidet wie irgendeine von ihnen. Wenn Gott sogar die Feldblumen so ausstattet, die heute blühen und morgen verbrannt werden, wird er sich dann nicht erst recht um euch kümmern? Habt ihr so wenig Vertrauen? Also macht euch keine Sorgen! Fragt nicht: ‚Was sollen wir essen?' ‚Was sollen wir trinken?' ‚Was sollen wir anziehen?' Mit all dem plagen sich Menschen, die Gott nicht kennen. Euer Vater im Himmel weiß, dass ihr all das braucht. Sorgt euch zuerst darum, dass ihr euch seiner Herrschaft unterstellt, und tut, was er verlangt, dann wird er euch schon mit all dem anderen versorgen. Quält euch also nicht mit Gedanken an morgen; der morgige Tag wird für sich selber sorgen. Es genügt, dass jeder Tag seine eigene Last hat." (Matthäus 6,28-34)

Zum Nachdenken

Was gibt es heute zu feiern?

41. Das alte Mietshaus

Nach ihrem Umzug in den Westen Kanadas hatte die junge Familie sich ein kleines, altes Holzhaus gemietet. Es war keine Villa, aber gemütlich und groß genug für alle drei. Und der Preis stimmte.

Doch nach fünf glücklichen Jahren kam der Vermieter, der ein guter Freund der Familie war, zu Besuch, und teilte ihnen mit, dass er sein Haus demnächst gerne abreißen lassen würde. „Ich will auf dem Grundstück endlich neu bauen! Es ist einfach an der Zeit. Macht euch keinen Stress mit dem Umzug, aber wenn ihr etwas Neues gefunden habt, dann wäre es schön, wenn ihr es nehmt!" Er scherzte sogar, dass es ihm „versicherungstechnisch" helfen würde, wenn ihnen das Haus aus Versehen abfackeln würde.

Jetzt kann wahrscheinlich jeder erraten, mit welcher Sorgfalt sie das alte Holzhaus während der restlichen Wochen bewohnt haben. Es gab tatsächlich wenig zu retten, die Hütte war verbraucht und abgenutzt und wartete nur darauf, abgerissen zu werden. Besonderen Spaß hat es ihnen gemacht, mit Freunden im Wohnzimmer Hockey zu spielen.

KOMMENTAR

Es gibt anscheinend keinen wichtigen Grund, vergängliche und wertlose Dinge mit besonderer Liebe und Sorgfalt zu behandeln! Einige Christen scheinen der Meinung zu sein, dass das auch auf unseren Planeten zutrifft. In ihrer Vorstellung wird Gott uns irgendwann alle von dieser Erde nach oben beamen und den blauen Planeten anschließend abfackeln. Wenn diese Christen Recht haben, dann scheinen die Aufforderungen der Bibel, diese Erde zu schützen, zu bewahren und noch schöner zu gestalten, eigentlich ziemlich wertlos! Oder kann man das auch anders sehen?

Zum Nachdenken

Was glaubst du? Leben wir tatsächlich auf einer Erde, die irgendwann einfach abfackelt?
Warum sind wir westlichen Christen des 20. und 21. Jahrhunderts nicht unbedingt berühmt für unsere Bemühungen um den Umweltschutz?

42. Der Mann, der am Fenster liegen durfte

Zwei schwer lungenkranke Männer lagen seit Wochen nebeneinander im gleichen Krankenzimmer. Einer der beiden durfte eine Stunde pro Tag aufrecht sitzen, um die Flüssigkeit aus den Lungen abtropfen zu lassen. Er lag direkt neben dem Fenster. Ansonsten mussten beide die ganze Zeit flach auf dem Rücken verbringen. Das Einzige, was sie davon abhielt, vor Langeweile wahnsinnig zu werden, waren ihre Unterhaltungen. Stundenlang sprachen sie über ihre Ehen und Familien, die Häuser, die sie gebaut hatten, ihre Arbeit, längst vergangene Urlaube. Aber das schönste war, wenn der eine von beiden sechzig Minuten lang aus dem Fenster schauen durfte und Geschichten erzählte, was sich dort unten, außerhalb ihrer vier Wände, alles zutrug.

Das Fenster bot einen Blick auf einen Park mit einem schönen See, mit Enten und Schwänen, die auf dem Wasser spielten. Kinder und ihre Modellboote waren zu sehen. Junge Pärchen, die Hand in Hand spazieren gingen. Die Skyline der Stadt in der Ferne! Der Mann am Fenster beschrieb jedes Detail, und der andere schloss eine Stunde lang die Augen und konnte sich alles gut vorstellen. Er lebte für diese Stunde!

Aber eines Tages kam ihm ein dunkler Gedanke, den er nicht mehr loswurde. „Warum darf ich eigentlich nicht am Fenster liegen? Dann könnte ich gelegentlich auch mal einen Blick hinaus riskieren ..." Zunächst war der Gedanke ihm peinlich, und er würde ihn nie äußern, aber Dunkelheit war jetzt in seiner Seele, und sie ließ ihn nicht mehr los. Es schien nicht fair! Und dieser Gedanke kontrollierte nun sein Leben! Eines späten Abends, als er wieder einmal an die Decke starrte, begann der Mann neben ihm zu husten. Flüssigkeit war in seine Lungen getropft und er konnte kaum noch atmen. Er beobachtete, wie sein Bettnachbar in dem schwach beleuchteten Raum um sein Leben kämpfte, wie er versuchte, den Notknopf zu drücken, aber dazu nicht mehr in der Lage war. Aber der Mann mit den dunklen Gedanken rührte sich nicht, drückte nicht den eigenen Notknopf, der in seiner Hand lag, und so kam keine Krankenschwester zur Hilfe! In weniger als fünf Minuten verstummten der Husten und das Würgen, zusammen mit dem Geräusch des Atmens. Jetzt war es auf einmal totenstill in dem Bett am Fenster!

Als am nächsten Morgen die Schwester kam, um sie zu waschen, entdeckte sie den leblosen Körper des Mannes, und er wurde ohne viel Aufregung aus dem Raum geschoben.

Er wartete ein paar Momente, und als es ihm angebracht schien, fragte er, ob es möglich wäre, nun sein Bett neben das Fenster zu schieben. Seinem Wunsch wurde selbstverständlich nachgegeben. Er konnte es kaum erwarten, und sobald er allein war, wagte er einen ersten hoffnungsvollen Blick nach draußen. Nun würde er endlich all das selber erleben dürfen, was ihm sein Nachbar so oft beschrieben hatte. Und als er aus dem Fenster blickte, schaute er auf eine graue Wand!

KOMMENTAR

Die glücklichsten Menschen haben nicht unbedingt das Beste von allem, aber sie machen das Beste aus dem, was ihnen das Leben zu bieten hat.

Zum Nachdenken

Wo ist es dir in den letzten Tagen gelungen, Schönheit in einer Situation zu entdecken, in der andere nur Langeweile oder Grau gesehen haben? Glaubst du, man kann diese Kreativität lernen?

43. Momente schaffen

„Warum fällt es mir immer nur so schwer, meiner Tochter zu sagen, wie stolz ich auf sie bin und wie lieb ich sie habe? Ich bin so ein Idiot!" Jetzt saß der Mann im halbdunklen Wohnzimmer, die Lautstärke der Sportschau war komplett heruntergedreht und er überlegte, was er tun könnte.

Vor ein paar Tagen war seine einzige Tochter abends strahlend ins Haus gestürmt. „Kevin hat mich gefragt, ob ich sein Date für den Schulabschlussball sein möchte!" Mama konnte sofort ihre Freude ausdrücken und sprang mit ihr jubelnd durch die Küche. Er war eher misstrauisch, nicht sicher, wer dieser Kevin war. Er hätte sich gerne mitgefreut, aber irgendwie war das schwierig. „Wer weiß, was das für ein Typ ist, der da meine Tochter angräbt!"

Und heute Abend, als er die Sportschau sah, kamen seine beiden Frauen begeistert vom Shoppen und verkündeten, welch ein unglaubliches Kleid sie für den Ball besorgt hätten.

Gerne hätte er zum Ausdruck gebracht, dass sie für ihn das schönste Mädchen der Welt war. Aber wie die meisten Männer bekam er das nicht über die Lippen. Also grunzte er etwas Nettes, als Mutter und Tochter verschwanden, um das Kleid abzunähen.

Ihn machte das traurig, und jetzt saß er da, hatte die Sportschau längst vergessen, und überlegte, wie er seine Gefühle ausdrücken könnte. Und irgendwann formte sich eine Idee in seinem Kopf. Er ging hoch ins Schlafzimmer, holte seinen besten Anzug, den er ewig nicht mehr getragen hatte, zwang sich irgendwie hinein und klopfte dann leise an die Tür des Nähzimmers. Seine Frau verschluckte vor Überraschung fast die Stecknadeln. „Was wird das denn, Liebling?"

„Kannst du bitte ein Bild von mir und Jenny machen? Ich möchte gut aussehen, wenn ich die Ehre habe, neben dem schönsten Mädchen der Welt verewigt zu werden!"

In der Nacht tanzten Vater und Tochter im Wohnzimmer, und die Eltern mussten erzählen, wie das gewesen war, als sie sich kennenlernten. Was für ein Moment.

KOMMENTAR

Wer die Geschichtsbücher des Alten Testaments aufmerksam liest, wird ziemlich schnell die Faszination Gottes für Altäre und jährlich wiederkehrende Feste entdecken. Im heiligen Land wirst du ähnlich viele aufeinandergehäufte Steine finden, wie in Bayern Kreuze oder Mariastatuen am Wegesrand! Warum diese Faszination für Altäre und Feste?

Vielleicht sind sie eine wertvolle Hilfe gegen unsere Neigung, die schönen, wichtigen Momente des Lebens nicht ausreichend zu genießen und zu feiern! Meine Frau und ich sind für unsere Verlobung nach Südfrankreich gefahren, und es gibt Bilder, wo ich in den Alpen halbnackt bei Sonnenschein im Schnee sitze, oder ein Bild von uns unter einem Wasserfall (beide mit modischen 80er-Jahre-Frisuren). Es ist gut für unsere Beziehung (vor allem, wenn es mal Zoff gibt), dass diese Bilder noch immer bei uns in der Wohnung hängen, auch wenn sie meinen Kindern unglaublich peinlich sind.

Zum Nachdenken

Was sind deine Altäre? Gewohnheiten, Mementos, die dir helfen, dich immer wieder an die wunderschönen Momente, die Geschenke Gottes in deinem Leben, zu erinnern?

44. Franks Blumen

„Heute dürft ihr alle ein wunderschönes Bild malen!", verkündete seine Kindergärtnerin. „Das ist super!", dachte der kleine Frank. „Ich kann nämlich voll gut malen. Besonders mag ich Tiger, Löwen, Boote, Züge und Feuerwehrautos. Das wird garantiert das beste Bild der Welt!" Aber die Lehrerin sagte: „Stopp, noch geht es nicht los. Heute malen wir ein Bild von einer Blume!"

„Schade!", dachte Frank, „aber Blumen kann ich auch gut malen!" Also malte er los mit seinen Lieblings-Crayon-Stiften. Blaue, violette und knallig orange Blumen.

„Aber nein!", sagte Frau Schmiedebach. „Ihr müsst aufpassen, dass die Farben alle richtig sind!" Und sie malte eine „richtige" Blume an die Tafel. Rote Blüten, grüner Stiel, brauner Boden. Frank schaute sich Frau Schmiedebachs Blume an. Er mochte seine viel lieber, aber er wollte keinen Fehler machen, also drehte er sein Blatt um und malte brav eine „richtige" Blume.

Ein paar Tage später hatte die Kindergärtnerin Ton mitgebracht. „Heute werden wir lernen, wie man modelliert!"

„Das ist total super, das macht Spaß, aus Matsche etwas zu bauen! Ich kann das, ich mache Elefanten, mit Rüsseln, Schlangen, und Mäuse kann ich auch voll gut!"

„Wartet bitte! Ich will euch erst einmal erklären, wie das Modellieren funktioniert!" Also machte Frank einen Ball aus dem Ton, knetete diesen dann flach, und es entstand ein Aschenbecher oder so etwas Ähnliches. „Gut gemacht!", lobte ihn die Kindergärtnerin. Und der kleine Frank lernte zu warten, zuzuschauen und Dinge genau so zu machen, wie er es gezeigt bekam.

Dann, eines Tages, zog seine Familie in eine andere Stadt und Frank kam in eine neue, größere Schule. „Heute, liebe Kinder, werden wir zusammen malen!"

„Super!", dachte Frank und wartete darauf, dass die Lehrerin ihm zeigen würde, was er denn genau malen sollte!

„Möchtest du denn nicht auch anfangen?", fragte diese ihn, als sie bemerkte, wie er zögerte. „Ich weiß nicht. Was soll ich denn malen?"

„Was immer du möchtest!"

„Okay. Aber wie soll ich das denn malen?"

„Wie du es möchtest."

„Und welche Farben darf ich benutzen?"

„Am besten die Farben, die du am liebsten magst. Wie sollte ich denn sonst auch wissen, wer von euch welches Bild gemalt hat, wenn jeder die gleichen Farben und das gleiche Motiv malen würde?"

„Das weiß ich auch nicht!", antwortete Frank und begann, eine rote Blume mit einem grünen Stiel zu malen.

KOMMENTAR

Was war denn hier passiert? Schon sehr früh ist der kleine Frank seiner Kreativität beraubt worden. Das passiert häufiger und oft viel subtiler, als man denkt.

Dabei fing es doch mal gut an, und ein kreativer Schöpfer schuf uns nach seinem kreativen Ebenbild. Er lud uns ein, diese Schöpfung zu gestalten und sogar noch auszubauen. Aber irgendwann, viel später, findet sich Jesus ständig von Menschen umringt, die es gewohnt sind, dass andere für sie glauben, für sie beten und ihnen sagen, was richtig und was falsch ist.

Und Jesus hat das nie zugelassen. Jesus lädt uns ein, diese Welt auf kreative Art und Weise, sehr individuell, nach seinen Richtlinien zu gestalten. Nicht blind einem Schema oder einem Anführer zu folgen. „Ich nenne euch nicht mehr Diener; denn ein Diener weiß nicht, was sein Herr tut. Vielmehr nenne ich euch Freunde; denn ich habe euch alles gesagt, was ich von meinem Vater gehört habe." (Johannes 15,15)

Auch als Pastor stehe ich ständig vor eigentlich kreativ begabten Leuten, die genau gesagt haben möchten, was richtig und falsch ist. Woran liegt es, dass so viele Menschen ständig einen Motor und Ideengeber für ihr Leben brauchen? Wir sind doch nach dem Ebenbild eines kreativen Schöpfers gestaltet worden.

Zum Nachdenken

Mal ganz ehrlich! Wäre dir ein einfacher Glaube, wo man blind Regeln befolgt, nicht lieber? Was ist der Reiz daran, selber kreativ werden zu dürfen und mit seiner Individualität diese Welt schöner zu machen? Kann man seine einmal geraubte Kreativität wiederfinden?

Gemeinschaft, Freundschaft und Beziehungen

Darum geht es: „Es gibt Milliarden von Menschen auf dieser Welt, trotzdem sind viele einsam. Könntet ihr ein System entwickeln, dass niemand jemals wieder einsam sein müsste?" Diese Frage stellt Suzy Becker Kindern in ihrem Buch „The All Better Book" (Pavilion Books, 1993). Hier ein paar der Antworten auf diese schwierige Frage:

- „Jemand sollte einsame Menschen finden und nach deren Namen und Adressen fragen, dann sollte er Menschen finden, die nicht einsam sind und nach deren Namen und Adressen fragen. Wenn du die gleiche Zahl einsame und nicht einsame Menschen gefunden hast, stellst du jeweils Paare von einsamen und nicht einsamen Menschen in die Zeitung und die müssen sich dann gegenseitig anrufen!" (Richard, 8)
- „Erfinde ein Essen, das mit dir redet, wenn du es aufisst!" (Matt, 8)
- „Vielleicht hat ja jemand das Problem, dass andere denken sie wäre nicht besonders hübsch, dann könntest du einfach zu ihr sagen: ‚Du siehst trotzdem viel besser aus als jemand anders, den ich kenne, der große Froschaugen hat!' (Kathryn, 9)
- „Du könntest dir einfach einen Ehemann, eine Ehefrau oder ein Haustier suchen und mit denen irgendwo hingehen!" (Matthew, 8)
- „Sing ein Lied, stampf mit den Füßen, lies ein Buch! Manchmal denke ich, dass niemand mich lieb hat, dann tu ich einfach eins von diesen Dingen!" (Bryan, 8)

Mediziner haben herausgefunden, dass schlechte Gewohnheiten wie Rauchen, zu viel Alkohol, zu viel oder zu fettes

Essen, zu wenig Sport usw. ziemlich ungesund sind und dein Leben verkürzen. Soweit nichts Neues. Dann haben die Mediziner weiter untersucht, warum wir krank werden und früh sterben. Du kannst dich nämlich gesund ernähren, Sport treiben ohne Ende, aber trotzdem früh ableben. Salate und die ganze Bewegung bringen alleine herzlich wenig. Du stirbst rein statistisch trotzdem früher als jemand, der zwar gar nicht bis wenig auf seinen Körper achtet – aber dafür gute Beziehungen hat! Mit anderen Worten: Lieber Currywurst, Pommes und drei Bier mit Freunden, als Brokkoli und Mineralwasser alleine!

Winston Churchill zum Beispiel hat geraucht wie ein Schlot, gegessen und getrunken wie ein Badewannenabfluss, und als man ihn fragte, ob er denn Sport treibe, sagte er: „Die einzige körperliche Ertüchtigung, die ich mir antue, ist es, bei Beerdigungen von Freunden als Sargträger zu fungieren, die beim Sport umgekippt und gestorben sind!" Churchill hatte eine hervorragende Ehe, viele gute Freunde und wurde weit über neunzig.

Ohne gute Beziehungen neigst du darüber hinaus stärker
- zu Depressionen
- zu Egoismus
- dazu, viel zu viel Geld für Dinge auszugeben, die du nicht brauchst
- zu Schlafstörungen
- zum Aufgeben, wenn Dinge schwierig werden

Es ist also durchaus sinnvoll, sich ein System auszudenken, mit dem keiner mehr einsam sein muss. Und genau darum geht es in diesen nächsten Gleichnissen!

DIE GLEICHNISSE

45. 6-mal gut, 1-mal mangelhaft

Als überzeugter FKKler lief Adam mit ganz viel Selbstbewusstsein durchs Paradies. Eine Sache war für ihn absolut klar: „Wenn ich so an mir runtergucke, hat Gott mich ziemlich perfekt hinbekommen! Ich sehe richtig gut aus! Ganz ohne zu prahlen: Ich bin ein Meisterwerk, ich bin der schönste und der klügste Mann der Welt!" Er hatte allen Grund, das zu sagen, denn

(a) war er der einzige Mann,

(b) hatte noch nie jemand rumgenörgelt, dass irgendwas nicht gut genug wäre an ihm. (Kein Wunder, dass man das damals „Paradies" nannte!)

Sein Selbstbewusstsein kam nicht nur durch sein überragendes Aussehen. Er hatte zudem auch einen ziemlich coolen Job, der ihn ausfüllte und mit viel Stolz erfüllte: „Lerne das Paradies kennen, besuche die gesamte Tierwelt und gib jedem Tier einen Namen!" Und als ob all das nicht genug gewesen wäre: Jeden Abend vor dem Schlafengehen ging er mit seinem Boss und Freund, dem Schöpfer selber, im Paradies spazieren, um den Tag mit ihm Revue passieren zu lassen!

Perfekt! Oder? Fast an jedem neuen Morgen wachte er auf und freute sich auf einen abwechslungsreichen Tag. „Heute gehe ich diese spannenden Fische besuchen, ich glaub, die nenn ich Delphine, die sind cool! Außer diesen Viechern, die ich Katzen genannt habe, ist eigentlich jedes Lebewesen wahnsinnig schön und interessant!" Aber irgendwie empfand er trotz allem dieses Gefühl, das er nicht einordnen konnte, für das er noch keine Worte hatte. „Ich fühle mich so ... einsam? Es wäre doch so schön, das Erlebte zu teilen. Jemanden daran teilhaben zu lassen!"

Und Gott, der alte Romantiker, lässt seinen Menschen diese Einsamkeit aushalten, über Jahrzehnte. Denn es dauert lange, alle Tiere zu benennen, selbst, wenn man nicht reisen müsste, um sie alle zu finden.

Und dann kam die wichtigste Nacht seines Lebens. Er legte sich schlafen, wie immer. Aber dann klaute der Schöpfer ihm eine Rippe, und als der Mann aufwachte, sah er sie. Das schönste Geschöpf, das er je gesehen hat, noch viel viel schöner als er selbst: Eva!

KOMMENTAR

Frage: Warum hat Gott so lange gewartet? Antwort: Er wollte ganz sichergehen, dass Adam sein Geschenk, Eva, wirklich zu schätzen weiß. Sie ist es, was ihm noch gefehlt hat. Als Adam hättest du nach all diesen Jahren der Einsamkeit dein Gegenüber zu schätzen gewusst, oder?

Es ist interessant, wie die erste Geschichte der Bibel beschrieben wird: Gott kreiert die Welt und gibt sich selbst ein „Gut!" Beim Menschen sogar ein „Sehr gut!" Kein schlechter Notendurchschnitt! Doch dann gibt es doch noch ein „Mangelhaft!": „Gott, der Herr, dachte: ‚Es ist nicht gut, dass der Mensch so allein ist.'" (1. Mose 2,18). Stimmt! Alleinsein ist nicht gut, und deshalb legt Jesus in seinen Geschichten über Gottes neue Welt auch ganz viel Gewicht darauf, dass wir es lernen, gemeinschaftlich zu leben!

Zum Nachdenken

Für welche Kreation Gottes bist du besonders dankbar? Wie kannst du dieser Dankbarkeit heute Ausdruck verleihen?

46. Als Gott helfen wollte

Ein Mann ging an einem wunderschönen Morgen in den Bergen spazieren, rutschte aus und fiel eine steile Klippe herunter. Zum Glück konnte er sich gerade noch an einem Zweig festhalten. „Wenn jetzt der Ast nachgibt oder mir die Kraft ausgeht, bin ich garantiert tot!" So viel war ihm klar. Seine einzige Überlebenschance war es, dass ihn jemand finden und hochziehen würde! In so einem Moment erinnert man sich ja oft an seine religiöse Erziehung, und er begann zu beten: „Gott, wenn es dich wirklich gibt, kannst du mir bitte helfen?" Gott war an diesem Tag besonders gut drauf, ließ sich nicht lange bitten und erhörte das Gebet sofort: „Mach dir keine Sorgen", rief er dem Wanderer zu, „lass dich einfach fallen, ich werde dich auffangen!" Der Mann zögerte einen Moment, konnte sich aber einfach nicht überwinden und rief: „Ist da noch jemand anders?"

KOMMENTAR

Die Geschichte wird oft negativ ausgelegt, dahingehend, dass der Mann nicht genug Glauben gehabt hätte. Aber mal ehrlich! Du und ich, wir wären auch nicht gesprungen und hätten auch nach jemand anderem gerufen! Recht hatte er, nicht zu springen.

Selbst theologisch ist diese Auslegung korrekt, weil es viel mehr in Gottes Natur liegt, uns durch unsere Mitmenschen zu helfen! Wir sind aufeinander angewiesen – so hat Gott sich das gedacht! Wir brauchen den anderen und die Gemeinschaft, wenn wir selber mal nicht weiterkommen.

Doch hat die Tatsache, dass wir aufeinander angewiesen sind, auch eine Kehrseite: Ich werde nie vergessen, wie ein Freund und ich mit unseren Söhnen im Sommer 2006 in einem Duisburger Biergarten Deutschlands 2:0 über Schweden miterlebt haben! Das Erlebnis war nicht so einschneidend, weil Deutschland gewonnen hatte, das ist in dem Jahr ja ein paarmal passiert! Nein, das Erlebnis wird ewig in meiner Erinnerung bleiben, weil ich beim Verlassen der Veranstaltung dieses Gefühl hatte, dass wir gerade gemeinsam als Nation gewonnen hätten, was zwar irgendwie Quatsch ist, andererseits aber irgendwie auch stimmt.

Und als Teil dieses „Wir" lief ich mit meinem sechsjährigen Sohn durch die Fanmassen, der von dieser Welle einfach mitgerissen wurde und gar nicht gemerkt hätte, wenn ich stehen geblieben wäre. Zum ersten Mal, seitdem wir aus Kanada nach Deutschland immigriert waren, hat er sich sichtlich nicht wie ein Außenseiter gefühlt, sondern als Teil vom „Wir."

Und ich werde nie vergessen, wie mich die Angst gepackt hat, weil ich mir vorgestellt habe, was er wohl alles tun würde, um Teil vom „Wir" zu bleiben. Darin steckt eben auch ein Problem: Dass Gott uns als „Wir" geschaffen hat, macht uns so verletzlich und wir tun Dinge, die wir nicht tun sollten, nur um dabei zu sein, um mitmachen zu dürfen!

Zum Nachdenken

Was würdest du tun, um dazuzugehören?
Gibt es für dich eine Grenze?

47. Wein für die Hochzeitsfeier

(Ein chinesisches Gleichnis)

Sie wollten so richtig ausgelassen Hochzeit feiern. Absolut jeder ihrer Freunde und Verwandten sollte dabei sein. Es gab nur ein Problem: Sie waren sehr arm und konnten sich die Feier eigentlich gar nicht leisten. Aber dann kam ihnen eine Idee: Sie baten alle Gäste, je eine Flasche guten Wein mitzubringen. Am Eingang des Festsaales würde ein großes Fass stehen, in das sie ihren Wein gießen könnten. So sollte jeder den Wein der anderen trinken und alle froh und ausgelassen feiern können.

Als das Fest endlich losging, liefen die Kellner zu dem Weinfass am Eingang, um den Wein in Tonkaraffen zu schöpfen. Groß war das Erschrecken, als alle merkten, dass in den Karaffen nur Wasser war. Wie versteinert standen die Gäste da, als ihnen bewusst wurde, dass jeder gedacht hatte: „Die eine Flasche Wasser, die ich eingieße, wird niemand bemerken!"

Als um Mitternacht die Flöten verstummten, gingen alle schweigend nach Hause. Und jeder wusste es: Das Fest hatte nicht stattgefunden.

KOMMENTAR

Das Gleichnis beschreibt so einige Gruppen und Gemeinden, die ich kenne, ganz gut. Definition von T.E.A.M.: Toll! Ein Anderer Macht's. Schon 1883 hat man ein Experiment gemacht, bei dem der Kraftaufwand beim Tauziehen bemessen wurde. Mit welcher Kraft zieht ein Einzelner beim Tauziehen an einem Seil? Ganz klar: 100%. Wenn zwei ziehen, sind es immerhin noch 82%. Bei vier Personen: 75%. Wenn acht Leute ziehen sind es dann nur noch 50%.

Zum Nachdenken

Damit ein Team als Gemeinschaft funktioniert, muss absolut jeder das, was er kann, einbringen. Das heißt nicht, dass ich mich nie ausruhen oder auch mal an andere anlehnen dürfte. Aber ich muss wissen, dass ich etwas beizutragen habe, was die anderen nicht haben. Schon herausgefunden, was das in deinem Fall ist?

48. Der Student und die Putzfrau

„Wie heißt die Putzfrau dieser Universität mit Vornamen?" So lautete die letzte Frage seines Abschlusstests auf der Elite-Uni für Business und Management. „Der Name der Putzfrau?" Er war gut vorbereitet, überdurchschnittlich begabt und bis jetzt geradezu durch die Antworten des wichtigsten Tests seines Studiums geflogen. Aber diese letzte Frage ignorierte er einfach, weil er dachte, es sei ein Witz des Professors.

Aber gerade, als er seinen Test abgeben wollte, hörte er, wie ein Mitstudent den Professor fragte, ob die letzte Frage denn bewertet würde. „Selbstverständlich. In Ihrer Karriere werden Sie viele Menschen treffen, alle sind wichtig und verdienen Ihren Respekt!"

Bei der Rückgabe des Tests bemerkte der Student, dass er den Punktabzug wegen der letzten Frage tatsächlich bekommen hatte. Mittlerweile hatte er auch herausgefunden, dass der Name der Putzfrau Dorothy ist – und es war eine Freude, sie kennen zu lernen!

KOMMENTAR

Ich hatte vor ein paar Jahren die Gelegenheit, vor den stärksten Schülern einer Highschool in Kampala eine Stunde lang über Emotionale Intelligenz und Menschenführung zu sprechen. Allesamt hatten sie überdurchschnittliche Noten. Es gab nur ein Problem: Ihr Schulsystem war hauptsächlich auf Wiederholung von Fakten ausgelegt. Sie hätten mir unzählige Details aus allen möglichen Fachgebieten aufzählen können, aber sie scheiterten an den einfachsten Teamaufgaben, weil sie immer wieder die Fehler der anderen kopierten.

Die Tatsache, dass man wegen seiner guten Noten und seinem Fachwissen zwar häufig eingestellt, aber in der Regel wegen mangelnder Teamfähigkeit wieder entlassen wird, war für meine Schüler total neu.

Ganz anders war der rabbinische Unterricht bei Jesus. Es gab keine Aufgabe, die nicht als Team erledigt wurde.

Zum Nachdenken

Wo lernst du, wie man mit seinen Mitmenschen gut zusammenlebt und zusammen arbeitet?

49. Die himmlische Villa

(Frei nach Peter Rollins)

Eines Abends saßen Jesus und seine Nachfolger zusammen um ein großes Lagerfeuer. Die Jünger waren erschöpft von der vielen Arbeit, die sie den Tag über erledigt hatten, und so erzählte Jesus ihnen Geschichten über den Himmel – genau das, was sie jetzt zur Motivation brauchten. Besonders die Geschichte über die Wohnungen, die Jesus dort für jeden individuell vorbereiten würde, gefiel ihnen. Eingerichtet wären diese mit allem, was sie brauchten, mit Dingen, von denen sie hier nie zu träumen gewagt hätten.

„Du meinst also wirklich, dass wir im Himmel eine eigene Villa haben werden?", fragte einer, der noch nie in seinem ganzen Leben auch nur in das Haus eines Reichen eingeladen worden war!

Jesus erzählte viele solcher Geschichten, und irgendwann, als das Feuer endlich heruntergebrannt war, waren fast alle eingeschlafen, und man konnte sehen, wie Jesu Gleichnisse in ihren Träumen Gestalt annahmen. Nach einiger Zeit war es nur noch Jesus, der mit einem Stock die letzte Glut schürte, er und ein alter, ungebildeter Jünger.

Es war offensichtlich, dass der Alte mit Jesu Geschichten wenig anfangen konnte und sogar verunsichert war. Als Jesus ihn behutsam darauf ansprach, schossen dem Jünger Tränen in die Augen. „Ich weiß, dass ich nicht so gebildet und effektiv bin wie die anderen. Ich werde auch nie so viel leisten können wie ein Petrus oder ein Johannes. Ich bin noch nie im Leben in einer Villa gewesen, und eine himmlische Villa brauche ich auch gar nicht. Ich kann damit nichts anfangen. Aber trotz allem, kannst du mir versprechen, dass da irgendwo im Königreich Gottes wenigstens eine kleine Ecke für mich sein wird? Ich kann mir nämlich einfach nicht vorstellen, von dir getrennt zu sein, ich würde dich so sehr vermissen."

Jesus sah dem Alten tief in die Augen, so wie nur er es kann. Dann antwortete er ihm: „Ziemlich am Ende des Gottesreichs, etwas entfernt von all den himmlischen Villen und den goldenen Straßen, gibt es einen bescheidenen alten Stall. Das wird meine Wohnung sein, und es wäre mir eine Ehre, wenn du dort mit mir wohnen würdest!"

KOMMENTAR

Wenn ich irgendwo zum Predigen eingeladen werde, bekomme ich während der Vorbereitungsgespräche häufig die Aufgabe gestellt: „Kannst du unseren Leuten mal erklären, was das Christsein einem so ganz praktisch bringt? Welche Vorteile man hat, wenn man Jesus nachfolgt?" In der Nacht, in der Jesus verraten wird, als ihm die Verurteilung, die Folter und der Tod unmittelbar bevorstehen, gibt er die Antwort: „Ich freue mich so sehr darauf, wenn wir in der Zukunft für immer zusammensein können und gemeinsam Brot essen und Wein trinken werden!" Die Belohnung scheint mir die Beziehung zu sein! Am Ende ist nichts wichtiger als das.

Zum Nachdenken

Findest du das eher enttäuschend, oder ist dir diese Beziehung genauso wichtig wie dem alten Jünger in der Geschichte?

50. Der erste Ehestreit

„Er ist so gemein!", weinte sie sich wieder einmal in den Schlaf. Sie hatte vor Jahren einen Mann geheiratet, der wesentlich älter war als sie! Damals schien er ihr so charmant und klug. Später entpuppte er sich aber als penibel und kontrollierend. Er teilte ihr das Haushaltsgeld zu, und jederzeit konnte es passieren, dass er Rechenschaft über ihre Ausgaben einforderte. Trotzdem wurde von ihr verlangt, regelmäßig seine Lieblingsgerichte zuzubereiten, das Haus musste bis in die letzte Ecke gesäubert sein, und stand auch nur einmal eine Tasse anders als gewünscht im Schrank, dann würde sie einen seiner Wutausbrüche zu spüren bekommen.

Wie gerne wäre sie aus diesem Gefängnis ausgebrochen, aber sie lebte in einer Zeit, in der Scheidungen unmöglich waren und man kaum Chancen hatte, eine Schulter zu finden, an der man sich einmal richtig über den Ehemann „ausheulen" konnte. Kein Wunder, dass die Beerdigung ihres Mannes für sie nur nach außen eine traurige Angelegenheit war. „Nie wieder!" war das Einzige, was sie denken konnte.

Doch ein „wieder" kam. Nur wenige Jahre später verliebte sie sich in einen anderen Mann, und diesmal war wirklich alles anders. Er liebte sie, las ihr jeden Wunsch von den Augen ab und wollte nur ihr Bestes. Sie blühte richtig auf! Trotzdem, etwas war noch genauso wie in ihrer ersten Beziehung. Obwohl ihr zweiter Ehemann nie auf die Idee gekommen wäre, sie dazu zu zwingen, war sie immer noch sparsam, räumte immer noch das Haus auf und machte auch für ihn seine Lieblingsgerichte. Zu ihrem eigenen Erstaunen hatte sich ihr Handeln gar nicht maßgeblich geändert. Nur die Motivation. Und jetzt liebte sie die Dinge, die sie zuvor gehasst hatte!

Trotzdem kam es eines Tages zu ihrem ersten Ehestreit. Sie wusste, dass er im Urlaub liebend gerne nach Italien gefahren wäre. Um ihn zu überraschen, hatte sie den Urlaub heimlich gebucht, ohne ihm Bescheid zu geben. Aber weil er wusste, dass sie die Berge liebte, hatte er ein Hotel in der Schweiz organisiert.

Wenn jeder dem anderen mehr dienen möchte, als sich selber, kann das also auch zu Komplikationen führen.

KOMMENTAR

Ich habe neulich eine E-Mail bekommen, in der ich gebeten wurde, mich für zwei von den drei Arbeitskreisen zu entscheiden, in die man mich gewählt hatte. Die Frage, die man mir stellte und die mir bei der Entscheidung helfen sollte, lautete, welche dieser Arbeiten mir am meisten Spaß machen würde.

Meine Gegenfrage war: „Ich kann mir alle drei Arbeitskreise vorstellen. Aber könnt ihr mir sagen, mit wem ich in den jeweiligen Komitees zusammenarbeiten würde? Ein Team von Leuten zu haben, die ähnlich ticken wie ich selbst, und mit denen ich gut klarkomme, ist mir wesentlich wichtiger als eine Aufgabe, die meinem Interesse und meiner Begabung entspricht!"

Zum Nachdenken

Glaubst du, ich lag richtig damit, anhand der Beziehungen über Aufgaben zu entscheiden?

„Liebster Herr Jesus ... obwohl du dich oft hinter der unattraktiven Maske des Nervigen, des Pingeligen, des Unangemessenen versteckst, möge ich dich trotzdem erkennen und sagen: ‚Jesus, wie gut ist es, dir dienen zu dürfen!'"
(Mutter Theresa in einem Interview mit Tony Campolo)

51. Besser

„Jesus rief die Zwölf zusammen und gab ihnen Kraft und Vollmacht, alle bösen Geister auszutreiben und Krankheiten zu heilen. Er sandte sie aus mit dem Auftrag, das Kommen der Herrschaft Gottes zu verkünden und die Kranken gesund zu machen. Er sagte zu ihnen: ‚Nehmt nichts auf den Weg mit, keinen Wanderstock, keine Vorratstasche, kein Brot, kein Geld und auch kein zweites Hemd!'" (Lukas 9,1-3)

Als die Jünger loszogen, entwickelte sich bei einem der Duos folgendes Gespräch:

„Wie gut, dass wir jetzt zusammen reisen. Normalerweise kriege ich immer Jakob als Partner. Der ist so was von peinlich und redet den ganzen Tag nur Stuss! Man hält mich immer für einen absoluten Vollpfosten, wenn ich mit dem irgendwo auftauche. Und außerdem riecht er, was nicht gerade angenehm ist, wenn man im selben Zimmer schlafen muss!"

„Kein Wanderstab, damit kann ich ja noch leben – aber keine Tasche? Wo soll ich dann mein Reiseproviant ... ach ja, das dürfen wir ja auch nicht. Wie beknackt ist das denn? Als ich noch Jünger bei Johannes dem Täufer war, durften wir wenigstens Honig und Schnecken und so ein Zeug als Snack mitnehmen auf unsere Missionsreisen! Vielleicht meinte der Rabbi ja geistliche Nahrung, die wir nicht mitnehmen dürfen. Mein Aramäisch ist nicht so gut, bestimmt hab ich das falsch verstanden!"

„Und das mit dem ‚kein zweites Hemd?' Jesus sollte Jakob mal erleben. Wenn der drei Tage lang im gleichen Hemd rumläuft, lassen die uns in kein Dorf mehr rein, da kann unsere Botschaft noch so gut sein!"

Dann kamen sie im nächsten Dorf an, fragten nach Nahrung und hatten prompt ein hervorragendes Abendessen vor sich. Aber während sie halbnackt (die „kein zweites Hemd"-Regel) hinter dem Haus auf ihre Klamotten warteten, die die Frau des Hauses für sie wusch, da war sie wieder, diese Frage: „Warum gibt uns unser Lehrer immer diese irrsinnigen Aufträge?"

KOMMENTAR

Die Vorgeschichte der meisten Jesusnachfolger lief ungefähr so ab: Der Traum eines jeden jüdischen Jungen war es, in die Lehre eines Rabbi zu gehen. Dafür hat man sich abgemüht ohne Ende. Petrus, Johannes und wie sie alle hießen, werden die gesamte Thora auswendig gelernt haben. Stundenlang, bei Kerzenlicht, aber es hat nicht gereicht! Kein Rabbi wollte sie haben. Also haben sie den Beruf des Vaters gelernt: Bauer oder Fischer. Einen einfachen, ehrlichen Beruf, denn malochen konnten sie wenigstens. Es war nicht das, was sie sich erhofft hatten, aber man muss ja irgendwie über die Runden kommen!

Und dann taucht dieser Rabbi auf, der durch seine Geschichten für kurze Zeit eine Art Superstar-Image hat, und er lädt sie ein, bei ihm in die Lehre zu gehen! Die Jungens waren so schnell weg, dass sie sich kaum von ihren Familien verabschieden konnten. Und die Eltern waren darüber auch gar nicht traurig, denn sie waren stolz, dass ihre Knaben bei einem Rabbi lernen durften. Vielleicht zum ersten Mal im Leben haben sich diese ersten Christen wertvoll gefühlt.

Aber schon sehr schnell wird aus „wertvoll" ein „mehr wert als …" Das steckt in unserer menschlichen Natur! Aus „gut" wird bei uns sehr schnell „besser"! Die Schwierigkeit war (und ist bis heute) folgende: Aus einer „Ich bin besser"-Position heraus ist es sehr schwer, einem Menschen zu helfen und ihn zu verändern. Deine gute Nachricht mag noch so gut sein! Wenn du dich für etwas Besseres hältst, will sie keiner hören!

Also schickte Jesus die ersten Christen als „Hilfesuchende", als Bittsteller in die Welt, nur mit der guten Nachricht bewaffnet. Wäre spannend zu sehen, wie das heute bei uns aussehen könnte!

Zum Nachdenken

Warum glaubst du, hat Jesus das so gemacht?
Was macht das mit einer Beziehung, wenn man merkt, dass man aufeinander angewiesen ist?
Kann man aus einer Schwächeposition heraus anderen etwas beibringen?

52. Wenn Männer emotional werden

Die drei Freunde sind zusammen angeln. Es ist ein wunderschöner Tag, der gerade mit einem herrlichen Sonnenuntergang zu Ende geht. Und da geschieht es: Plötzlich, angesichts der brachialen Schönheit um sie herum, entscheiden sich die drei Freunde, einmal ganz ehrlich voreinander zu sein.

Und der erste beginnt: „Ich hab' echt ein Problem mit den Frauen. Ich stell' mir immer Dinge vor, die nicht richtig sind. Aber ich will lernen, das hinzukriegen!"

„Und ich habe Probleme mit der Ehrlichkeit", fährt der zweite fort. „Ich bin so richtig geldgeil und habe deshalb im Büro schon einiges mitgehen lassen. Aber ich werde versuchen, das zu ändern, und nach und nach alles zurückzuzahlen! Ich muss meine Gier unbedingt in den Griff kriegen, bevor ich noch irgendwann erwischt werde!"

Nach einem kurzen Moment der Stille spricht der dritte Freund: „Und ich habe ein ganz schlimmes Problem mit übler Nachrede und kann es kaum abwarten, von diesem Boot herunterzukommen, um jemandem zu erzählen, was ich heute alles mitbekommen habe!"

KOMMENTAR

Ehrlichkeit ist absolut wichtig, damit eine Gemeinschaft funktioniert. Allerdings sollte man zunächst einmal daran arbeiten, Vertrauen aufzubauen!

Zum Nachdenken

Wie hättest du als einer der beiden Freunde reagiert, wenn du merkst, dass dein Vertrauen jederzeit ausgenutzt werden könnte? Warum ist es so schwer, Vertrauen aufzubauen? Warum ist es trotzdem so wichtig?

53. Wie gut ist diese Stadt?

Der reisende Geschäftsmann kam gerade aus einer Kleinstadt in den Bergen, als er einen alten Mönch sah, der in einem kleinen Feld Blumen säte. „Ich habe gerade Geschäfte in der Stadt auf dem Berg gemacht und möchte nun hier unten im Dorf meine Waren anbieten. Können Sie mir sagen, ob die Menschen hier im Tal freundlich sind?" Der weise alte Mönch zögerte einen Moment und stellte dann eine Gegenfrage: „Wie freundlich waren denn die Menschen in der Stadt auf dem Berg?"

„Oh, die waren ganz fürchterlich. Sehr abweisend, unhöflich, sehr unfreundlich, überhaupt nicht hilfreich!"

„Das tut mir leid, dass Sie so eine Erfahrung machen mussten. Leider muss ich Ihnen sagen, dass die Menschen hier unten ähnlich fürchterlich sind!"

Kurze Zeit später hielt ein zweiter Geschäftsmann neben der Wiese und stellte die gleiche Frage. „Was sind das für Menschen, die ich hier unten im Tal antreffen werde?" Wieder stelle der Mönch die Gegenfrage: „Wie haben Sie denn die Menschen in der Oberstadt empfunden?"

„Die waren super", kam die freudestrahlende Antwort. „Sehr entgegenkommend, aufgeschlossen, freundlich. Ich habe mich unglaublich wohl dort gefühlt!"

„Das freut mich sehr!", sagte der weise Mönch mit einem Lächeln im Gesicht! „Und ich kann Ihnen versichern, dass Sie die Menschen hier unten im Tal genauso freundlich und positiv erleben werden."

KOMMENTAR

Diese Geschichte habe ich gerade meinem Sohn erzählt, der kurz davor ist, den Fußballverein zu wechseln, weil er mit seinen Mannschaftskameraden keine freundschaftlichen Beziehungen aufbauen konnte, während er im neuen Team schon einige Freunde hat.

Nicht immer, aber zumindest in der Regel, sind die Menschen um uns herum so freundlich, wie wir sie uns machen. Deshalb ist es wichtig, die eigene Einstellung der Umwelt gegenüber immer mal kritisch zu hinterfragen. Der leichtere Weg ist es natürlich, aus einer Opferrolle heraus zu reagieren: Meine Familie ist doof, die Leute in meiner Gemeinde sind alle altmodisch und unfreundlich und meine Kollegen sind alle Egoisten. Aber so wird es uns nicht gelingen, unsere Familien, Gemeinden, Schulklassen und Arbeitsplätze in das zu verwandeln, was Jesus meinte, wenn er von Gottes neuer Welt gesprochen hat.

Zum Nachdenken

Kann man es lernen, seine Freunde, Familie, Gemeinde trotz all ihrer Schwächen positiv zu sehen?

54. Schwarzfahrer

Er hat einen langen, schweren Arbeitstag hinter sich, als auf dem Weg nach Hause sein Handy klingelt. Am Apparat erklingt die besorgte Stimme seine Frau. „Sei bitte vorsichtig, Liebling. Ich habe gerade im Radio gehört, dass irgendwo auf deinem Nachhauseweg so ein bekloppter Falschfahrer unterwegs ist!"

„Tut mir leid, mein Schatz!", ruft er zurück. „Ich kann gerade nicht reden. Da ist nicht nur ein Verrückter, da sind Hunderte, die in die falsche Richtung fahren!"

KOMMENTAR

Vor etlichen Jahren stand ich in der Schlange vor dem Bankautomaten und wurde immer wütender, weil es so wahnsinnig lange dauerte. Ich war augenscheinlich nur von Vollidioten umzingelt, die nicht wussten, wie man einen Geldautomaten bedient.

Ich bin nicht besonders geduldig, und die lahme Art der anderen brachte mich so richtig auf die Palme. „Was ist so schwer daran, seine Bankkarte in den zehn Warteminuten aus der Tasche zu holen, und nicht erst dann mit dem Suchen zu beginnen, wenn man direkt vor dem Automaten steht?"

Ich wusste natürlich genau, wo meine war, und zückte sie ganz selbstbewusst genau in dem Moment, als ich endlich an der Reihe bin. „Ich zeige euch jetzt mal allen, wie man so eine Maschine zügig bedient, ihr Vollpfosten!" Aber als ich meine Karte zückte, war es die falsche ...

... aber ich war viel zu stolz, das zuzugeben, und habe tatsächlich so getan, als ob es die richtige wäre. Ich habe dann die falsche Karte in den Automaten eingeführt, und sie anschließend ganz schnell und unauffällig verschwinden lassen, bevor ich meine richtige Bankkarte nachgeschoben habe. Ich war nach 30 Sekunden mit meiner Transaktion fertig, ohne dass auch nur einer gemerkt hatte, dass ich einen Fehler gemacht haben könnte.

Das Traurige an meiner Geschichte – und diesem Gleichnis – ist, dass wir in der Regel gar nicht auf die Idee kommen, dass wir falsch liegen könnten. Andere, klar, aber wir doch nicht! So glauben wir, dass unsere politischen, religiösen und kulturellen Werte und Ansichten die einzig wahren wären – und wer anderer Meinung ist, liegt falsch und sollte am besten verstoßen werden. Leider kommen wir allzu selten auf die Idee, dass wir von anderen auch etwas lernen könnten.

Und wenn wir dann doch mal dabei ertappt werden, dass wir uns geirrt haben, halten wir es in der Regel wie Adam und Eva. Dann verdrängen und verstecken wir unsere Fehler oder schieben einem anderen die Schuld in die Schuhe, über den wir uns dann auch noch lustig machen.

Johannes beschreibt in seiner Offenbarung ein Bild, das zeigt, wie der Himmel sein wird. Ganz viele Menschen aus ganz vielen Nationen mit ganz vielen unterschiedlichen Meinungen, mit verschiedenen politischen und religiösen Einstellungen und Sichtweisen und Werten und Eigenarten sitzen dort an einem Tisch (Offenbarung 7,9). Die Frage ist, wie wir es bis zu diesem Fest hinbekommen, von anderen zu lernen. Denn wenn wir das nicht auf die Reihe kriegen, kann es gut sein, dass uns der Himmel gar nicht so himmlisch vorkommen wird.

Zum Nachdenken

Kannst du von Menschen lernen, die komplett anders ticken als du? Was würde ein Afrikaner dazu sagen, wenn du morgens gehetzt aus dem Haus rennst? Was könnte ein Atheist dir über den Glauben beibringen? Wie sieht ein Liberaler einen Traditionalisten und umgekehrt? Was würde ein Sozialhilfeempfänger, der morgens um 10:00 mit einer Flasche Oettinger am ZOB sitzt, darüber denken, wie du mit deinem Geld und deiner Zeit umgehst?

55. Der Priester und die nackte Schönheit

Weil ein Priester unbedingt aufs Klo musste, blieb ihm keine andere Wahl, als unterwegs einen Nachtclub aufzusuchen. Im Club war alles genauso, wie er es sich vorgestellt hatte: Laute Musik, Nikotinschwaden, überall wurde wild getanzt und gefeiert.

Nur eine Sache war etwas außergewöhnlich: Alle paar Minuten ging plötzlich für ein paar Sekunden das Licht aus, und sobald es wieder anging, fing der ganze Raum an zu schreien und zu applaudieren.

Weil er die Toilette nicht finden konnte, ging der Priester an die Bar, wo der Barmann ihm den Weg erklärte. „Ich muss Sie aber warnen, Hochwürden. Mitten im Herrenklo steht die nackte Statue einer wunderschönen Frau, die nur mit einem Feigenblatt bekleidet ist."

„Das ist schon okay", entgegnete der Priester, „ich werde dann einfach die Augen niederschlagen und in die andere Richtung schauen!"

Als er sein Geschäft erledigt hatte und wieder zurück in die Bar trat, war er sehr verwundert, dass er dort mit einem riesigen Applaus und gigantischem Jubel begrüßt wurde. Verdutzt ging er rüber zum Barmann. „Warum bejubeln die mich denn so?"

„Ihre Schwäche hat Sie menschlich gemacht, Hochwürden. Das gefällt den Menschen. Darf ich Ihnen einen Drink spendieren?"

„Nein danke, natürlich trinke ich keinen Alkohol. Und ich bin immer noch ein weig perplex! Welche Schwäche?"

„Wissen Sie, jedesmal, wenn jemand das Feigenblatt der nackten Statue wegrückt, gehen hier im Saal die Lichter aus!", lachte der Gastwirt. „Wie wäre es jetzt doch mit einem Drink?"

KOMMENTAR

Wir versuchen häufig, krampfhaft unsere Schwächen zu verstecken, um vor den Augen unserer Mitmenschen souverän und möglichst tugendhaft dazustehen.

Zum Nachdenken

Kann es sein, dass gelegentliche Transparenz und Schwäche uns wesentlich sympathischer rüberkommen lässt?

56. „Alles ist herausgekommen!"

Dem Autor der Sherlock-Holmes-Geschichten, Sir Arthur Conan Doyle, wird folgende, angeblich wahre Geschichte zugeschrieben: Ein Mann hatte die interessante und diabolische Idee, an hundert Londoner einen Brief zu schreiben. Der Brief enthielt nur einen Satz:

„Alles ist herausgekommen!"

Angeblich soll eine ganze Reihe der Empfänger noch in der gleichen Nacht London schlagartig verlassen, einige sogar Selbstmord begangen haben.

KOMMENTAR

Man hört oft den Satz, dass wir ja andere Menschen bräuchten, die uns ganz genau kennen und trotzdem lieben, so wie wir sind. Irgendwie sehnen wir uns zwar danach, aber die wenigsten erleben das.

Zum Nachdenken

Wenn du diesen Brief bekommen hättest, an welche Sache aus deinem Leben hättest du sofort gedacht?
Warum wäre es so schlimm, wenn dieses Geheimnis öffentlich würde?
Gibt es jemanden, dem du so vertrauen kannst, dass das Wissen um deine Schattenseiten eure Beziehung nicht kaputtmachen würde?

57. Das Gute-Nacht-Gebet

Eines Abends, kurz bevor er schlafen gehen sollte, kniete der kleine Junge zwischen seiner Mutter und seiner Oma, um sein Gute-Nacht-Gebet zu sprechen. „Vielen Dank, Gott, für diesen schönen Tag, und bitte segne auch ganz besonders meine Mama, meinen Papa und meine liebe Großmutter!" Und dann blickte der kleine Kerl für einen Moment zum Himmel auf und schrie: „UND BITTE VERGISS AUF KEINEN FALL, DASS ICH MIR EIN NEUES GRÜNES FAHRRAD MIT 24 GÄNGEN ZU WEIHNACHTEN WÜNSCHE!" Die Mutter war verwundert. „Aber warum schreist du denn so? Gott ist doch nicht schwerhörig!" Kommt die prompte Antwort: „Aber Oma!"

KOMMENTAR

In vielen Bildern beschreibt die Bibel einen Gott, der uns das gibt, was wir brauchen. Der uns gerne zur Seite steht und hilft. Ganz praktisch passiert das fast immer durch Menschen, die sich entscheiden, seine Hände und Füße zu werden. Der kleine Junge scheint das gewusst zu haben und wollte den Prozess nur ein wenig beschleunigen.

Zum Nachdenken

Wann hast du in deser Woche die Hände und Füße Gottes erleben dürfen?

58. Das Ehemänner-Einkaufszentrum

In Ostkanada soll ein Laden eröffnet worden sein, in dem Frauen sich einen Mann aussuchen können. Der Laden hat insgesamt sechs Stockwerke, und je höher man steigt, desto mehr Qualitäten haben die potenziellen Ehepartner.

Eines Tages betrat eine Frau den Laden, um sich einen Ehemann zu besorgen. Im ersten Stockwerk war ein großes Schild zu sehen: „Flur 1 – Diese Männer haben alle einen festen Beruf." Die Frau las das und sagte sich: „Das ist schon mal eine Ecke besser als bei meinem letzten Freund. Aber ich frage mich, ob es weiter oben nicht noch mehr gibt?"

Also ging sie eine Etage höher, wo sie erneut ein Schild fand: „Flur 2 – Diese Männer haben Arbeit und sie lieben Kinder!" „Das ist ja unglaublich!", dachte sie. „Trotzdem sollte ich noch eine Etage höher gehen!"

„Flur 3 – Diese Männer haben Arbeit, lieben Kinder und sehen alle extrem gut aus!" „Das ist ja wunderbar! Aber ich bin doch neugierig, ob es nicht noch etwas Besseres gibt!"

Sie stieg also erneut die Stufen hoch und fand auch hier eine Tafel. „Flur 4 – Diese Männer haben Arbeit, lieben Kinder, sehen extrem gut aus und helfen regelmäßig bei der Hausarbeit." „Mmh, jetzt bin ich wirklich versucht, mir einen zu angeln! Aber es wird ja immer besser. Vielleicht gehe ich doch noch eine Etage höher?!"

Gesagt, getan! „Flur 5 – Diese Männer haben Arbeit, lieben Kinder, sehen extrem gut aus, helfen bei der Hausarbeit und sind extrem romantisch!" „Das ist ja unglaublich. Ein Glück, dass ich mich so weit hochgetraut habe. Wenn ich jetzt nur daran denke, was mich auf der obersten Etage erwartet … Ich bin ja so aufgeregt!"

Also ging sie mit klopfendem Herzen in die sechste Etage, wo sie wieder ein Hinweisschild fand. „Flur 6 - Sie sind Besucherin Nummer 465.789.014. Auf dieser Etage gibt es keine Männer. Sie dient nur dazu, ein für alle Mal zu beweisen, dass man es keiner Frau Recht machen könnte. Vielen Dank für Ihren Besuch im Markt für Ehemänner!"

KOMMENTAR

Im Film „Besser geht's nicht" klagt Carol (Helen Hunt) ihrer Mutter ihr Leid, nachdem ihr der exzentrische Schriftsteller Melvin (Jack Nicholson) einen Antrag gemacht hat: „Ich will nur einmal im Leben einen normalen Freund!" Ich mag die trockene Antwort der Mutter: „Jeder will einen normalen Freund! Aber um ehrlich zu sein, die existieren leider nicht!" Recht hat sie, die gute Frau. Wir sind alle enttäuscht von den Macken und Unzulänglichkeiten unserer Mitmenschen, und machen oft den Fehler, uns nicht mehr auf andere einzulassen, weil sie uns ja doch nur wieder enttäuschen werden.

Es gibt sicher Situationen, wo das angebracht ist, aber vieleicht können wir auch von den Dänen lernen, die neulich in einer Studie zu den glücklichsten Menschen der Welt erkoren worden sind. Der Grund dafür: Keine allzu großen Erwartungen! Klingt irgendwie langweilig und unromantisch, kann aber wohl ganz so unweise nicht sein!

Zum Nachdenken

Wo wäre es eventuell hilfreich, deine Erwartungen an deine Mitmenschen herunterzuschrauben?

59. Väter, Teenager-Töchter und das Telefon

Seine 14-jährige Tochter telefonierte ungefähr eine halbe Stunde, bevor sie den Hörer auflegte. „Was? Schon fertig?", fragte der Vater etwas sarkastisch. „Deine Telefongespräche dauern doch sonst mindestens zwei Stunden!"

„Ich hatte aus Versehen die falsche Nummer gewählt."

KOMMENTAR

Vor ein paar Jahren ist meinem Bruder etwas Ähnliches passiert. Seine Tochter hatte ihm eine unglaublich hohe Telefonrechnung beschert, die in der Verwandschaft für einiges an Belustigung gesorgt hatte. Aber vielleicht verstehen Teenager-Mädchen ja etwas von dem, was Jesus uns in vielen Gleichnissen beibringen möchte: Am Ende ist nichts wichtiger als gute Beziehungen. Und in die muss man investieren!

Zum Nachdenken

Denk einmal an deine wichtigsten Beziehungen! Welche Gesichter siehst du da sofort vor dir? Wie wäre dein Leben ohne diese Menschen? Was investierst du in diese Beziehungen?

60. Der Apostel im Kloster

(Quelle unbekannt)

Im alten Kloster war es ziemlich leer geworden. Früher hatte hier das Leben getobt. Hunderte von Mönchen hatten Gott gefunden, zusammen gearbeitet und die Umgebung durch ihre fröhliche Art bereichert. Aber das war lange her. Jetzt lebten nur noch fünf alte Gottesmänner in den Gemäuern, und kaum einer in der Umgebung nahm die Männer wahr. Es war frustrierend.

Nur ein paar Kilometer entfernt lebte ein sehr weiser Einsiedler, dem man nachsagte, dass Gott schon oft direkt mit ihm kommuniziert habe. Eines Tages machten sich die fünf Mönche auf zu seiner Hütte in den Bergen, um sich bei ihm Rat zu holen. Bestand noch Hoffnung, dass jemals wieder Leben in ihr altes Kloster einkehren würde? Der Weise hieß seine Gäste herzlich willkommen, aber als sie ihm ihr Leid klagten, konnte er lediglich mit ihnen trauern. „Ich verstehe euch gut!", sagte der alte Mann. „Der gute Geist hat euren Orden verlassen. Was ihr für eure Nachbarn und für euren Gott tut, das kommt heutzutage einfach nicht mehr an. Ihr werdet nicht mehr beachtet, geschweige denn, dass junge Männer auf die Idee kommen würden, sich euch anzuschließen. Ich kann euren Frust verstehen, aber leider habe ich keinen Rat, wie man etwas ändern kann."

„Gibt es denn gar nichts, was du uns mit auf den Weg geben kannst?", flehten die Brüder. „Leider nein!", entgegnete der Weise. „Ich weiß wirklich nicht, wie euer Orden noch zu retten ist. Nur eines möchte ich euch noch sagen: Als ich gestern Nacht betete, wurde mir klar, dass einer von euch Mönchen ein Apostel des Herrn Jesus ist!"

Auf dem Weg zurück in ihr Kloster waren die fünf alten Männer sehr enttäuscht, aber auch verunsichert durch das rätselhafte Wort des weisen Einsiedlers. „Einer von uns ist ein Apostel Gottes? Wirklich? Wer mag das nur sein?"

In den nächsten Wochen dachten sie immer wieder über diese Worte nach. „Bestimmt meinte er Bruder Thomas, unseren Anführer. Er hat uns schon seit Jahrzehnten so gut geleitet."

„Oder Bruder Stefan. Ein Mann voller Weisheit und Licht. Ein wahrer Gelehrter!"

„Garantiert nicht Bruder Eldred. Er ist immer so schlecht gelaunt. Obwohl … auf der anderen Seite hat er aber auch fast immer Recht mit seinen Äußerungen. Könnte der schelchtgelaunte Bruder Eldred der Apostel sein?"

„Bestimmt nicht Bruder Phillip. Er ist immer so passiv und zurückhaltend. So unglaublich schüchtern. Obwohl … wenn einer Hilfe braucht, dann ist er immer da für uns. Er kann so einfühlsam sein, als ob er dir in die Seele schauen könnte. Könnte er …?"

„Oder könnte ich selber ein Apostel sein? Das kann ich mir überhaupt nicht vorstellen. Ich mit all meinen Macken. Aber die ersten Apostel waren ja auch nicht immer perfekt. Alles andere als das. Könnte der Weise mich gemeint haben? Spiele ich eine wichtge Rolle hier in unserer kleinen Kommunität?"

Und je mehr sie darüber nachdachten, wer es denn sein könnte, umso mehr begannen die Apostel, sich gegenseitg anders zu betrachten. Denn jeder von ihnen könnte ja ein Apostel des Herrn sein. Und das begann die alten Männer zu verändern.

Weil das Kloster in einem wunderschönen Wald lag, kam es häufig vor, dass Menschen aus der Umgebung im Sommer hierhin kamen, um zu picknicken. Manchmal verlief sich sogar jemand in die alte Kapelle, um zu meditieren oder eine Kerze anzuzünden. Und nach und nach fiel den Menschen auf, dass dort in dem Kloster etwas vor sich ging, was sie sich nicht erklären konnten. Der Ort hatte plötzlich eine Aura, etwas Attraktives, das sie immer wieder dorthinzog.

Vor allem junge Menschen begannen, den Mönchen Fragen zu stellen. Nach einer Weile wollte einer von ihnen wissen, ob er mitmachen dürfe in diesem Kloster, das so besonders schien. Und dann noch einer. Und noch einer.

Und heute ist wieder Leben an diesem Ort. Die vielen Mönche dort tun viel Gutes in ihrer Nachbarschaft, wo sie sehr geachtet werden.

KOMMENTAR

Jesus hat einmal gesagt, dass man Christen nicht an ihren unglaublichen Programmen erkennt, nicht daran, wogegen sie sind, sondern daran, dass sie sich gegenseitig lieben, mit Respekt begegnen und füreinander da sind (Johannes 13,35).

Zum Nachdenken

Ist das auch deine Erfahrung? Wem begegnest du mit Respekt? Warum?

61. Die Tierschule

(Frei nach Tony Campolo)

Vor gar nicht allzu langer Zeit entschieden sich die Tiere, eine Schule zu gründen.

Schnell wurde ein Lehrplan aufgestellt, der die Schüler zu großartigen, vielseitigen Supertieren ausbilden sollte. Auf dem täglichen Stundenplan standen Laufen, Klettern, Schwimmen und Fliegen. Und natürlich musste jeder Schüler an jedem Unterrichtsfach teilnehmen.

Doch schnell kamen einige Tiere an ihre Grenzen. Die Ente war mit Abstand eine der besten Schwimmerinnen, ehrlich gesagt sogar besser als die Lehrerin. Das Fach „Fliegen" bestand sie aber nur mir Hängen und Würgen, und beim Laufen war sie eine der Schlechtesten. Weil sie so furchtbar langsam war, musste sie hier häufig nachsitzen. Am Ende waren ihre Latschen so kaputtgelaufen, dass sie auch im Schwimmen nur noch durchschnittliche Noten bekam.

Der Hase war ein super Läufer, aber als es ans Klettern ging, kam er einfach keinen Baum hoch. Einmal kippte er sogar nach hinten über, fiel auf den Kopf und benahm sich seitdem etwas seltsam, sagten seine Mitschüler.

Das Eichhörnchen dagegen war ein fantastischer Kletterer, aber bekam einen Nervenzusammenbruch, als man es zwingen wollte, ins Wasser zu springen.

Der Adler war das Problemkind der Klasse. Er kletterte zwar am schnellsten den Baum hoch, aber bestand darauf, seine eigene Methode zu benutzen, was ihm einen Tadel des Lehrers einbrachte.

Der Schüler mit dem höchsten Notendurchschnitt war am Ende des Jahres ein behinderter Aal. Der konnte ganz gut schwimmen und auch etwas laufen und fliegen. Der wurde dann zum Schulsprecher und zum Abschlussballkönig gewählt.

KOMMENTAR

Die Moral dieser Fabel ist offensichtlich: „Gleichmachen funktioniert nicht!" Wir haben das am eigenen Leibe zu spüren bekommen, als wir mit unseren Kindern aus Kanada nach Deutschland zogen, und nach nur wenigen Wochen erwartet wurde, dass sie genauso gut Deutsch können wie die Kinder, die hier geboren wurden. Selbst ihre englische Muttersprache, die sie damals besser beherrschten als ihre Lehrer, sollten sie nochmal lernen, diesmal mit britischen Vokabeln, als wenn sie sie zum ersten Mal hören würden. Diese Methode war zwar fair für die Gesamtgruppe, aber unglaublich hart für unsere Kinder. Und das Ergebnis war höchstens mittelmäßig.

Die Bibel ist voll mit Aufforderungen, dass Individualität gefördert und gefeiert werden sollte. In 1. Korinther 12 werden wir als unterschiedliche Körperteile beschrieben. Alle dienen einem großen Ziel, aber jeder nutzt seine individuelle, kreative Begabung und Persönlichkeit.

Zum Nachdenken

Hattest du schon einmal, wie die Tiere dieser Schule, das Gefühl, dass von dir ständig erwartet wird, jemand zu sein, der du gar nicht bist? Jemand, der deiner Persönlichkeit und deinen Begabungen absolut nicht entspricht?

Bist du jemals in deiner Individualität gefördert worden? Wie ist das genau passiert? Warum war das eine positive Erfahrung?

KAPITEL 3
GOTTES NEUE WELT MITBEKOMMEN

Darum geht's ...
Wie kann man das gute Leben in Gottes neuer Welt verpassen?

Drei wenig erbauliche Geschichten

Wenn ich so predigen möchte, dass meine Zuhörer es gut finden, ist es wichtig, am Anfang ihre Aufmerksamkeit zu bekommen. Die hatte Jesus bei seiner Predigt auf dem Berg. Die seligen Trottel haben aufgepasst und wollten mehr!

Am Ende ist es dann wichtig, etwas Zusammenfassendes, Freundliches zu sagen. Vielleicht einen Slogan, der aufbaut und an den man sich gut erinnern kann. „Piep Piep Piep, der Jesus hat euch lieb!" Vielleicht. Oder eine nette, humorvolle Anekdote, die beim Zuhörer das Gefühl hinterlässt, dass alles okay ist. Wie ein guter Film braucht eine gute Predigt ein „Happy End". Aber da zieht Jesus nicht mit. Seine Predigt endet mit drei ziemlich negativen Bildern:

Gottes neue Welt ist wie ein breiter und ein schmaler Weg. Viele Menschen lassen sich einfach treiben und machen das, was die Masse auch so macht. Das Resultat ist ein verschenktes Leben. Verderben! Auf der anderen Seite gibt es einen anderen Weg, aber „dieser Weg wird kein leichter sein. Dieser Weg wird steinig und schwer. Nicht mit vielen wirst du dir einig sein. Doch dieses Leben bietet so viel mehr!" Die Story singt sich gut, aber richtig positiv ist dieses Bild sicher nicht!

„Gottes neue Welt ist wie ein Baum, und wer keine Früchte bringt, wird abgehauen und ins Feuer geschmissen." Sicher ein Bild, das nur ein paar Workaholics besonders erbaulich finden.

Und dann war da noch dieser Mann, der unheimlich viel investiert hat, aber leider zu faul oder unachtsam war, um auf sein Fundament zu achten. Nur kurze Zeit nach dem Einzug in die fantastische Hütte kam eine Welle und hat die ganze Arbeit plattgemacht. Alles umsonst! Jesus erklärt diese Geschichte so: „Vorsicht! Es wird stürmisch! Wenn du das, was ich sage, nur intellektuell bewegst, diskutierst, glaubst, aber nicht anwendest, dann fliegt dir dein Leben bald um die Ohren!"

Unglaublich erbauend sind die Stories nicht! Aber eine Warnung an uns alle! Absolut jeder ist eingeladen, in ein Leben, das seinesgleichen sucht. Aber Vorsicht. Du kannst es tatsächlich verpassen! Und weil Jesus diese Botschaft so extrem wichtig ist, riskiert er, dass die Menschen, die ihm eben noch so begeistert zugehört haben, mit einem unguten Gefühl nach Hause gehen und ihn doch nicht mehr so toll finden wie noch ein paar Minuten davor!

Zum Schluss kommen deswegen noch ein paar Gleichnisse, die diese Warnung weitergeben: „Pass auf, dass du das gute Leben nicht verpasst!"

62. Drei Frösche

Es saßen einmal drei Frösche auf einem Ast, der über einem See hing, dessen Wasser spiegelglatt und einladend in der Morgensonne glänzte. Einer der Frösche, der mutigste, entschied sich zu springen!

Frage: Wie viele Frösche sitzen jetzt noch auf dem Ast?
Antwort: Drei!

Der mutigste Frosch hatte sich zwar entschieden zu springen, aber das heißt noch lange nicht, dass er auch gesprungen ist!

KOMMENTAR

Jesus beendet seine Berpredigt über das Leben in Gottes neuer Welt nicht mit einer sogenannten „Feel Good"-Story. Er erzählt zum Ende drei sehr herausfordernde, warnende Gleichnisse. Mit einer eindeutigen Botschaft: Wenn du das, was du jetzt gehört hast, nur intellektuell diskutierst, nur stimulierende Wortgefechte darüber austrägst, was das alles bedeuten und wie es gemeint sein könnte, ohne es anzuwenden – dann verpasst du Gottes neue Welt! Du kannst darüber nachdenken, es dir ganz fest vornehmen, aber wenn du nie springst, wirst du ewig mit deinen Freunden auf dem Ast sitzenbleiben.

Zum Nachdenken

Gibt es in deinem Leben eine Situation, in der du endlich einmal springen solltest? Bist du überhaupt schon gesprungen?

63. Das Gemüsebeet und der fiese Nachbar

Um seine Familie mit Nahrung zu versorgen, pflanzte er im Frühling all die Dinge, die seine Frau und seine Kinder so gerne hatten. Karotten, Zuckererbsen, Gartenkräuter, Beeren und Getreide. Die Kinder waren so begeistert, dass sie in Gedanken schon den Speiseplan zusammenstellten, mit all den Gerichten, die sie nach der Ernte gemeinsam genießen würden.

Manche Menschen können es einfach nicht ertragen, wenn andere sich freuen, und leider hatte auch diese Familie so einen Nachbarn, den die Freude der Kinder nur neidisch machte. So entwickelte er einen fiesen Plan, den er gleich in die Tat umsetzte: Mitten in der Nacht, als seine Nachbarn tief und fest schliefen, kletterte er über den Zaun und säte Unkraut, wo er nur konnte.

Nur kurze Zeit später, als die ersten Pflänzchen sprossen, fanden die Kinder zu ihrem Entsetzen nicht nur Essbares, sondern überall auch das Unkraut des Nachbarn. Als sie das weinend ihren Eltern berichteten, hatte die Mutter auch schon einen Plan gefasst. „Wir kriegen das wieder hin. Wir können unser Essen noch retten. Wir werden all das Unkraut einzeln rausreißen, und dann wird unser Garten wieder schön sein!"

„Keine so gute Idee!", überlegte der Vater. „Die Gefahr ist dabei viel zu groß, dass wir unsere Pflanzen mitzerstören. Lasst uns einfach geduldig warten, bis es Zeit ist zum Ernten, dann können wir das Unkraut mit rausreißen. Wir machen dann ein großes Feuer damit, und anschließend wird geerntet und gegessen!"

KOMMENTAR

Vor ein paar Monaten fand ich mich in einem pastoralen „Verhör". Die Frage war legitim, klang aber fast nach einer Anschuldigung. „In eurer Gemeinde redet ihr ständig von Aktionen, um an einer besseren Welt zu arbeiten. Glaubt ihr denn allen Ernstes, dass ihr wirklich was verändern könnt?"

Glaube ich das?

Jesu Idee von einer neuen Welt, die durch Liebe, Gnade und Opferbereitschaft geprägt ist, hört sich zunächst gut an und mag inspirierend sein. Aber wer ab und zu mal die Zeitung liest oder Nachrichten schaut, merkt schnell: „Alles nur Utopie!" Die Welt scheint eher schlechter zu werden als besser. Und sehr schnell kann man sich dadurch demotivieren lassen: „Gutes tun bringt sowieso nichts. Für jede gute Aktion gibt es drei Umweltkatastrophen, dazu Kriege und Terror, und die Reichen werden nur noch reicher und die Armen nur noch ärmer…"

„Stimmt!", würde der Erzähler des Originals dieses Gleichnisses sagen (Matthäus 13,24-30). „Es gibt unglaublich viel Unkraut auf dieser Welt. Aber es wird eines Tages eine Ernte geben. Dann wird das Unkraut verbrannt, und übrig bleiben nur die guten Taten: jedes freundliche Wort, jede Aktion, die dem Wohl deiner Mitmenschen gedient hat. Und dann wird diese Welt endlich den Himmel erleben, nach dem sie sich so sehr sehnt."

Wer wäre bei der Ernte nicht gern dabei?

Zum Nachdenken

Tendierst du dazu, eher das Unkraut oder eher die Pflanzen zu sehen?
Neben all den schlechten Nachrichten – gibt es Bereiche, in denen sich das Leben auf dieser Erde in den letzten Jahrzehnten verbessert hat?

64. Herbstlaub

An einem kalten Nachmittag im Herbst bat ein König seinen Geistlichen, ihn im Schloss zu besuchen, weil er unter starken Depressionen litt. Als er dem Priester sein Herz darüber ausschüttete, wie schlimm das Leben doch sei, fragte ihn der weise alte Mann, ob es wohl möglich wäre, einen Spaziergang im Schlossgarten zu unternehmen, um sich vor dem Dunkelwerden noch ein wenig die Beine zu vertreten. Draußen angekommen, klagte ihm der König weiter sein Leid: „Bitte erkläre mir doch eines", sprach er, „warum lässt Gott so viel Elend zu? Schau dir diese mächtigen Bäume an, bald werden sie all ihr Laub verloren haben. Warum muss das nur so sein?" „Oh, diese Frage kann ich dir beantworten", schmunzelte der alte Mann. „Die Bäume verlieren ihre Blätter, damit unser Blick dafür frei wird, den Himmel zu sehen!"

KOMMENTAR

Als Jesus vor 2000 Jahren seine Gleichnisse über die neue Welt erzählte, die Gott schaffen möchte, hatte er mit einem gewaltigen Erwartungsdruck zu kämpfen. Die Propheten Israels hatten versprochen, dass Gott eines Tages diese Welt besuchen würde, um alles, was zerbrochen ist, heil zu machen. Er würde Gerechtigkeit schaffen, wo Unterdrückung ist. Er würde Missstände aufdecken und endlich alles in Ordnung bringen. Kaputte Beziehungen würde er reparieren. Nie wieder Vergewaltigung und Krankheit und Leid und Tsunamis und Epidemien und Cholera und Armut und Mobbing. Und jede Träne würde er abwischen, und es würde endlich so sein, wie man es sich in seinem tiefsten Inneren immer herbeigesehnt hat.

Und dann gab es diese Gerüchte, dass Jesus dieser Messias sei, der all diese Veränderung herbeiführen würde. Aber die römischen Unterdrücker blieben erst mal im Land, und er schnippte nicht mit den Fingern oder schwang einen magischen Zauberstab, und alles wurde sofort gut. Aus irgendeinem Grund scheint Gott zu denken, dass es für uns im Moment noch gut ist, Unheil zu ertragen und zusammen mit ihm, ganz langsam, Heilung in diese Welt zu bringen. Und diese Langsamkeit kann uns wegtreiben von Gott – oder eben in seine Arme. Gott taucht genau dort auf, wo Leid passiert, wo Menschen zusammen gegen Ungerechtigkeit kämpfen. Das wünsche ich dir und mir, dass wir in schweren Momenten eben nicht zynisch werden und aufgeben, sondern den Blick frei bekommen für den Himmel.

Zum Nachdenken

Kann das stimmen? Wann hat dich Leid tatsächlich schon einmal in die Arme Gottes getrieben? Wann hat es deine Beziehung zu ihm zerstört?

65. Der Missionar und die Kannibalen

Die Eingeborenen im Urwald sehen ihn schon von weitem in seinem kleinen Motorboot ankommen. Sie warten gespannt, denn sie haben so etwas noch nie gesehen! Als das Boot näher kommt, beobachten sie aus sicherer Entfernung, wie der schwarz gekleidete, weißhäutige Mann aussteigt. Er hat wenig Gepäck dabei, nur einen Rucksack und ein großes, schwarzes Buch. Nach ein paar Tagen ist die erste Verwunderung verflogen. Er zieht in eine Hütte, die sie für ihn bauen, sitzt meistens dort und liest sein großes, schwarzes Buch.

Manchmal zeigt er gen Himmel, und nach und nach verstehen die Eingeborenen, dass er sie auf seinen Gott aufmerksam machen will. Sie laden ihn ein, mit ihnen auf die Jagd zu gehen oder mit ihnen etwas zu bauen, aber er bleibt lieber vor seiner Hütte! Als sie sich eines Abends richtig betrinken, um eine erfolgreiche Jagd zu feiern, wird der Mann böse und zeigt auf sein schwarzes Buch. Aber die Eingeborenen finden das nur komisch. „Was soll denn daran falsch sein, sich zu freuen?"

Sie sind weiterhin freundlich zu ihm, bringen ihm Essen und warten ab, warum dieser Mensch denn wohl zu ihnen gekommen sein könnte. Doch nichts geschieht. Eines Abends beraten sie darüber, wie es mit dem großen Mann weitergehen soll. Er hilft nicht und ist für niemanden von Nutzen. Also trifft man eine Entscheidung und …

… am nächsten Morgen holen sie den großen Kochtopf und verspeisen den Missionar.

KOMMENTAR

Ich mag dieses Gleichnis, weil es ausdrückt, dass du die beste Nachricht der Welt in dir tragen kannst, aber wenn du sie nicht auf eine Weise lebst, dass die Menschen sie verstehen und sie ihnen hilft, dann ist sie keinen Pfifferling wert.

Zum Nachdenken

Bist du ein besserer Botschafter als der Missionar?

66. Die Mietschulden

Eines Nachmittags klopfte es an der Tür des Pastors, und vor ihm stand, noch ganz außer Atem, ein Mann aus seiner Gemeinde, der sehr verstört dreinblickte. Der Gottesmann musste den Besucher erst beruhigen, bevor es diesem möglich war, so zu reden, dass man ihn verstehen konnte.

„Etwas ganz furchtbar Ungerechtes ist geschehen. Sie kennen doch die Familie aus unserer Gemeinde, die mit den drei Kindern?! Die armen Eltern! Das vierte Kind ist unterwegs, und vor einem halben Jahr hat der Vater seine Arbeit verloren. Morgen will der Vermieter die ganze Familie vor die Tür setzen, weil sie nur die Hälfte der Miete bezahlen kann. Und es ist doch so bitterkalt. Mitten im Winter! Das kann der doch nicht machen, das ist doch total herzlos!"

Es dauerte etwas, aber es gelang dem Pastor, den Mann zu beruhigen. Die Gemeinde hatte ein wenig Geld zurückgelegt für solche Fälle, und er versprach, dass er sich darum kümmern würde, dass die Familie zumindest vorübergehend in der Mietwohnung bleiben könne.

„Oh, das freut mich aber! Wie gut, dass wir eine Gemeinde sind, die sich so rührend um die Not der Menschen kümmert!", freute sich der Mann. „Auf Wiedersehen, und einen schönen Nachmittag noch, Herr Pfarrer!"

„Ihnen auch noch einen gesegneten Tag, mein Herr! Ich freue mich, dass Sie zu mir gekommen sind! Bevor Sie gehen, nur noch eine Frage: Wie kommt es, dass Ihnen diese Sache so auf dem Herzen liegt?"

„Ach, wissen Sie, Herr Pfarrer, ich bin der Vermieter!"

KOMMENTAR

Warum passiert es so häufig, dass Christen im Gottesdienst darüber reden, dass Image und Macht und Geld allein nicht glücklich machen ... und dann verlassen sie das Kirchengebäude und leben genau so, als ob allein Image und Macht und Geld glücklich machten?

Warum ist es möglich, meine Kinder die 800 Meter zu McDonalds mit dem Auto zu fahren, und dabei zu diskutieren, dass die Regierung mehr für den Umweltschutz tun sollte? Irgendwie schizophren! Wir tun nicht immer das, was wir glauben.

Zum Nachdenken

Die alte Huhn-und-Ei-Frage: Was kommt zuerst? Das richtige Tun oder der richtige Glaube?

67. Die Gerichtsverhandlung

Stell dir vor, ein fanatischer Diktator kommt in deinem Land an die Macht. Von nun an ist es strengstens verboten, Christ zu sein, und nur kurze Zeit nach der Machtübernahme wirst du angezeigt! Also erscheinst du vor einem Gericht, wo etliche Zeugen vorgeladen werden, um gegen dich auszusagen. Sogar ein paar von deinen engsten Freunden sind dabei!

Scheinbar überwältigendes Material wird dem Richter vorgeführt: In deinem Auto ist die neueste Hillsong-Worship-CD gefunden worden. Ein Zeuge sagt aus, dass er dich sogar einmal an einer roten Ampel beim Singen beobachtet hat! Bilder von dir während einer Gottesdienstveranstaltung werden hervorgekramt! Du bist offensichtlich nicht nur dort gewesen, sondern du hast aktiv daran teilgenommen. Eine Bibel ist in deinem Appartement gefunden worden. Keine Chance, es abzustreiten! Dein Name und ein Taufspruch sind darin zu finden! Was die Sache sehr eindeutig macht, ist, dass du sogar ein paar deiner Lieblingsstellen markiert hast. Das Buch ist ganz offensichtlich schon mehr als einmal gelesen worden! Sogar ein paar persönliche Aufzeichnungen und Poesieeinträge werden gefunden. Das Material scheint überwältigend, und du hast wenig Hoffnung, als du ins Foyer geführt wirst, um auf die Entscheidung des Richters zu warten!

Dann kommt der Moment vor dem du dich so sehr fürchtest. Du stehst vor dem Richter und wartest auf dein Urteil. „Es tut uns leid, dass wir Ihre und unsere Zeit verschwendet haben. Ihnen ist keine Schuld nachzuweisen, Sie können gehen!"

Moment mal! Unschuldig? Du weißt gar nicht, ob du erleichtert, wütend oder traurig sein sollst.

„Aber was ist mit all den Beweisen?"

„Was für Beweise?"

„Ich habe doch sogar Gedichte verfasst über meinen Glauben!"

„Das haben Sie, aber das beweist nur, dass Sie sich für einen Dichter oder Liederschreiber halten!"

„Aber die Worship-CDs und die Bibel?"

„Bedauernswerter Musikgeschmack und allgemeines literarisches Interesse. Mehr nicht!"

„Aber ich bin doch in der Kirche erwischt worden! Die Bilder beweisen doch eindeutig, dass ich sogar manchmal öffentlich gebetet und mitgesungen habe!"

„Da haben wir auch länger überlegt", sagt der Richter. „Das sind aber letztendlich nur Beweise, dass Sie ein guter Schauspieler sind, der andere und vielleicht auch sich selbst das Gefühl vorheucheln konnte, dazuzugehören! Aber diesem Gericht ist es ziemlich egal, was Sie sagen oder glauben. Sie sind keine Gefahr für unser System. Sehen Sie, solange Sie das, was Sie da intellektuell diskutieren, nicht in die Tat umsetzen, solange Sie nicht wirklich anfangen zu leben, was dieser Jesus gelehrt hat, solange Sie nicht bereit sind, für Ihre Überzeugungen zu sterben, hat diese Regierung kein Interesse an Ihnen. Sie sind keine Gefahr für uns. Sie können gehen!"

KOMMENTAR

(Ist der hier nötig?)

Zum Nachdenken

Welche Gefühle hat das Gleichnis in dir ausgelöst?
Wie hätte das Gericht über dich entschieden? Warum?

68. Mord im Restaurant

Dank seiner guten Ideen und seiner harten Arbeit hatte er viel Erfolg gehabt. Er war Inhaber eines bekannten Restaurants, die Gäste rannten ihm die Türen ein, und er hatte genug Geld, um das Leben in vollen Zügen genießen zu können. Weil er ein dankbares Herz hatte, entschloss er sich, von all dem Guten, das ihm widerfahren war, etwas zurückzugeben! Junge Leute sollten die gleichen Chancen bekommen, die er einmal gehabt hatte.

Also richtete er in einer anderen Stadt ein weiteres Restaurant ein. Er sorgte für eine ansprechende Dekoration, geschmackvolle Kunstwerke zierten die Wände, das Mobiliar war stilvoll und bequem. Die Bar und der Weinkeller wurden mit einer großen Auswahl richtig guter Tropfen bestückt, und auf der Speisekarte fanden sich nur ganz besondere, von ihm selbst erprobte Gerichte.

Dann holte er sich arbeitslose Köche und Fachkräfte. Junge Leute, die nach vielen vergeblichen Bewerbungen längst die Hoffnung aufgeben hatten. Mütter, die gerne wieder arbeiten wollten, denen es aber schwer fiel, nach den Kinderjahren wieder in einem guten Beruf Fuß zu fassen. Nicht einmal Pacht für das Restaurant mussten die jungen Köche bezahlen, nur eine zehnprozentige Gewinnbeteiligung wurde vereinbart.

Natürlich legte das junge Team mit einem Feuereifer los, und das Geschäft boomte, denn schnell sprach sich herum, wie gut man dort essen konnte, wie gemütlich das Ambiente war. Das Team machte jeden Monat erfreulichen Gewinn. Aber leider erwies es sich als äußerst unzuverlässig und hielt sich nicht an den Pachtvertrag. Es war, als hätten sie ihren Förderer vergessen, und steckten den gesamten Profit in die eigene Tasche.

Zunächst kamen freundliche E-Mails, in denen der Besitzer die Pächter an den Vertrag erinnerte. Als diese einfach weggeklickt wurden, begann er, ihnen Briefe zu schreiben. Die landeten im Mülleimer. Bei einem Anruf wurde er aufs Übelste beschimpft. Selbst ein Einschreiben vom Rechtsanwalt wurde einfach ignoriert. Um sich schließlich doch noch gütlich zu einigen, schickte der alte Herr seinen Sohn, der in der Nähe des Restaurants zu tun hatte. Als der dann die Pacht einforderte, kam es zu einem üblen Streit, einer der Köche zog ein Messer, und der Sohn verblutete zwischen den Müllkübeln hinter der Gaststube. Natürlich wurde der Mord aufgeklärt. Die Jungköche mussten sich vor Gericht verantworten und gingen ins Gefängnis. Das Restaurant wurde schließlich an zuverlässigere Leute verpachtet.

(Die Originalgeschichte findest du in Matthäus 21,33-44.)

KOMMENTAR

Eine Geschichte, die sich in der Bibel leider wiederholt. Gott sucht sich Menschen, die er beschenkt und mit ganz viel Potenzial ausstattet, um durch sie dem Rest der Welt zu zeigen, wie gut das Leben in seiner neuen Welt doch sein könnte. Schnell wird dann jedes Mal aus Dankbarkeit Anspruchsdenken, und anstatt der Welt zu dienen, halten sich die Auserwählten für besser, klüger, moralischer ... und die Menschen, denen man eigentlich dienend den Weg weisen sollte, werden ignoriert, ausgenutzt oder für „nicht wertvoll genug" erachtet.

Zum Nachdenken

Was gibt dir Hoffnung, dass es bei den heutigen Jesusnachfolgern anders sein könnte als in dem Gleichnis?

69. Der Professor

Eines Tages verschaffte sich ein Professor, der die Unterschiede der verschiedenen Religionen studierte, eine Audienz bei einem Zenmeister. „Bitte erklären Sie mir Ihren Glauben. Ich will alles wissen, was Ihre Religion ausmacht!" Der alte Mönch schaute dem Professor in die Augen und begann dann in Ruhe, sich eine Tasse Tee einzugießen. Als die Tasse voll war, goss er einfach weiter, so dass das Getränk auf die Tischdecke floss. Irgendwann konnte der Professor die Situation nicht mehr aushalten und rief: „Stopp! Können Sie denn nicht sehen, dass die Tasse längst voll ist?" Der alte Meister antwortete: „Ich versuche nur, Ihnen zu erklären, dass Sie versuchen, den Glauben mit einem Verstand zu begreifen, der schon voll ist mit allen möglichen anderen Ideen. Glauben kann man nur dann begreifen, wenn man zuerst Platz schafft für Neues."

KOMMENTAR

Ist dir schon einmal aufgefallen, dass wir fast nur Bücher oder Zeitschriften lesen von Leuten, mit deren Meinung wir ohnehin schon übereinstimmen? Dass wir die Predigten am inspirierendsten finden, die mit etwas anderen Worten genau das ausdrücken, was wir sowieso schon glauben?

Eines der größten Hindernisse, anderen Menschen zu helfen, sind die vielen Dinge, die ich über sie zu wissen glaube.

„Die sind selber schuld an ihrem Schicksal!"

„Wenn die sich nicht ändern, dann kann man denen auch nicht helfen!"

„Wer sich einen Flachbildfernseher leisten kann, kann gar nicht arm sein und verdient meine Hilfe nicht!"

„Ähnlich ist es mit dem Leben in Gottes neuer Welt", sagt Jesus. „Wir haben ganz viele Ideen, warum es nicht klappen kann, einem Feind zu vergeben, oder aufzuhören, sich um Dinge Sorgen zu machen, die ich sowieso nicht ändern kann ..." Genug Gründe, mich nicht auf seine Worte und Gleichnisse einzulassen!

Vielleicht könnte das „Platz schaffen" für neue Ideen so aussehen, dass ich sie einfach einmal ausprobiere. Wobei wir wieder bei Blaise Pascal wären. „Wenn dich einer fragt, ob Liebe möglich ist, dann schick ihn, das zu tun, was Liebende tun!"

Zum Nachdenken

Was tun denn Liebende? Was tun Gläubige?

Liebst du schon oder liest du noch?

Frank Bonkowski

Love Attacks
Taschenbuch, 11 x 17 cm
128 Seiten
ISBN 978-3-86506-360-1

Ein praktisches Buch mit 52 starken Ideen, um Gottes Worte der Liebe in die Tat umzusetzen. Ungewöhnliche, kreative und leicht umsetzbare Aktionen, um Nächstenliebe im Alltag zu leben.